ゆっくり ていねいに学べる

どの子もわかる算数プリント 1・①

企画・編著 ／ 原田 善造

本書の特色と使い方

ていねいな型分けで，基本的な内容をゆっくりていねいに学べます。

　やさしい型の問題から順を追って，高いレベルの問題まで，ていねいに型分けしています。ゆっくり1シートずつ学習していくうちに，確かな学力が定着します。

　算数が苦手な児童でも，最後までやりとげられるよう，問題を精選して，1シート10分ぐらいで学習できる内容にしています。

どの子も計算の仕組みが理解できるよう，お手本や補助記号，ヒントの言葉が掲載されています。

　はじめにお手本のグレーの文字をなぞり書きします。計算の仕組みがよくわかります。次に，練習問題で，お手本の計算の仕方を確かめながら学習の定着を図ります。

　計算の仕方がよくわかるよう○や□の補助の記号がていねいに掲載されていますので，ぜひ活用して下さい。吹き出しにはヒントの言葉や解き方のポイントが書かれています。児童がワークシートの問題を解いていくときの支援になります。

「数と計算」「図形」「量と測定」などの導入にはぜひ算数的活動を取り入れましょう。

　「数と計算」「図形」「量と測定」などの導入段階では算数的活動が学習理解に有効です。"算数ブロックを操作する"，"分数を折り紙で作る"，"図をかく"，"図を切る"，"色紙を折って量を作る"，"色塗りで量を表す"等々，算数的活動を本書のワークシートに豊富に掲載しています。少し時間はかかりますが，ぜひ算数的活動を取り入れ，児童の豊かな学習理解につなげましょう。

著者の長年にわたる算数教科書作りの経験や支援教育の経験を活かして作成しています。

　30年前から現在まで著者は，教科書会社の要請に応えて算数の教科書作りに関わっています。また，公立小学校教員としての特別支援学級の担任や通常学級で支援を必要とする児童を数多く担当してきた実績もあります。これらの経験を活かして，「どのような内容の問題を」「どれだけの量」「どんな順序で」「どのようなヒントや説明を加えて」1枚のワークシートにするとよいのか，検討を重ねて作成しています。

「指導のポイント」を参考にして，学習することができます。

　巻末の解答例のページに「指導のポイント」が掲載されています。「指導のポイント」には，指導される方の参考となるように，指導の順序や学習のねらい，指導の仕方などが書かれています。児童にワークシートを配る前に，必ず目を通していただき，学習の参考にして下さい。
　指導の仕方は多様であり，この方法が絶対正しいというものではありません。本書の「指導のポイント」もあくまで指導の一例です。ぜひ本書の「指導のポイント」を参考に，児童の特性に合わせてご指導下さい。

「解答例」を参考に指導することができます。

　本書には「解答例」が掲載されています。指導される方が，まず，ワークシートの問題を解き，本書の「解答例」も参考に解答を作成して下さい。
　児童の解き方や考え方は多様です。間違っていると考えられる場合でもすぐに×をつけずに，児童がどのように考えたのかをよく聞いて下さい。本書の「解答例」は参考として，学習を指導される方が作成された解答をもとに，答え合わせをお願い致します。

目　次

本書の特色と使い方 …………………………………… 2
ワークシートの説明・使い方 ………………………… 6
解答ページの説明・使い方 …………………………… 7

なかまあつめ

1～5までの なかま ……………………………………… 8

なかまの かず

どちらが おおい …………………………………………… 10

5までの かず

かずを かこう ……………………………………………… 12
いくつ あるかな …………………………………………… 13
ゆびの かず ………………………………………………… 14
いろぬりと すうじ ………………………………………… 15
おなじ かず ………………………………………………… 16

なかまあつめ

6～10までの なかま ……………………………………… 18

10までの かず

かずを かこう ……………………………………………… 19
すうじを かこう …………………………………………… 20
かずだけ いろを ぬろう ………………………………… 21
いくつ あるかな …………………………………………… 22

なにが できるかな ………………………………………… 24
1～10までの かずを かこう …………………………… 25
どちらが おおきい ………………………………………… 26
0という かず ……………………………………………… 27

まえから なんばんめ・うしろから なんばんめ

まえから なんばんめ ……………………………………… 28
まえから なんばんめ，うしろから なんばんめ ……… 29
まえから・うしろから なんばんめ …………………… 30

いくつと いくつ

2・3・4のいくつと いくつ …………………………… 31
3・4・5のいくつと いくつ …………………………… 32
5は いくつと いくつ …………………………………… 33
6は いくつと いくつ …………………………………… 34
7は いくつと いくつ …………………………………… 35
8は いくつと いくつ …………………………………… 36
9は いくつと いくつ …………………………………… 37
10は いくつと いくつ …………………………………… 38
10を つくろう …………………………………………… 40

3までの たしざん

あわせて いくつ …………………………………………… 41
■で たしざん ……………………………………………… 43

5までのたしざん

あわせて いくつ	44
あわせて いくつ ふえると いくつ	45
● で たしざん	46
■ で たしざん	47
けいさん	48
めいろ あそび	51

10までのたしざん

あわせて いくつ ふえると いくつ	52
■ で たしざん	56
けいさん	62
ぶんしょうだい	68
めいろ あそび	70

3までのひきざん

のこりは いくつ	71
■ で ひきざん	73

5までのひきざん

のこりは いくつ	74
● で ひきざん	76
■ で ひきざん	77
けいさん	78
めいろ あそび	82

10までのひきざん

のこりは いくつ	83
（6-○, 7-○, 8-○, 9-○, 10-○）	
■ で ひきざん	87
（6-○, 7-○, 8-○, 9-○, 10-○）	
■■■■■ で ひきざん	94
（6-○, 7-○, 8-○, 9-○, 10-○）	
けいさん	97
ぶんしょうだい	100
たしざん・ひきざん どちらかな	102
ぬりえ あそび	103

解答・指導のポイント

解答・指導のポイント	104

ワークシートの説明・使い方

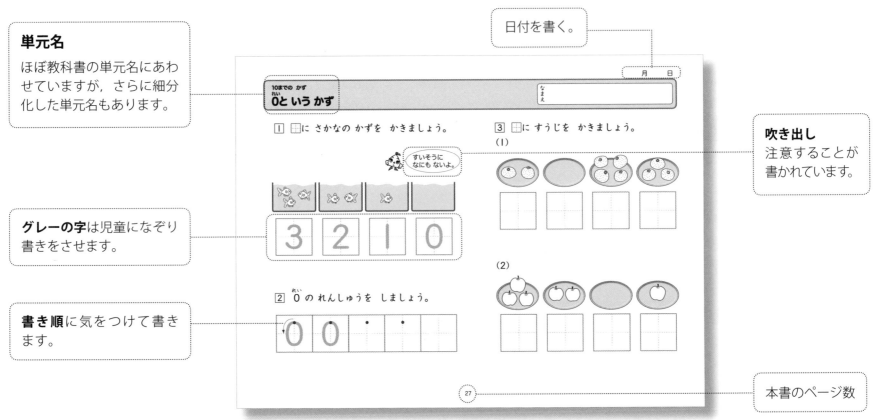

単元名
ほぼ教科書の単元名にあわせていますが、さらに細分化した単元名もあります。

日付を書く。

吹き出し
注意することが書かれています。

グレーの字は児童になぞり書きをさせます。

書き順に気をつけて書きます。

本書のページ数

(使い方)

ワークシートは、基本1ページが2分割されていますので、切ってお使い下さい。
また、学習する児童の実態にあわせて、B4（121％）またはA3（141％）に拡大コピーしてご使用下さい。

※ コピー・印刷共に、本書を購入された学校内のみの教育目的や私的使用の範囲を超えた印刷・複製は著作権侵害にあたりますので、絶対にお止めください。著作権侵害が明らかになった場合、弊社は速やかに法的措置をとらせていただきます。

解答ページの説明・使い方

（解答例）

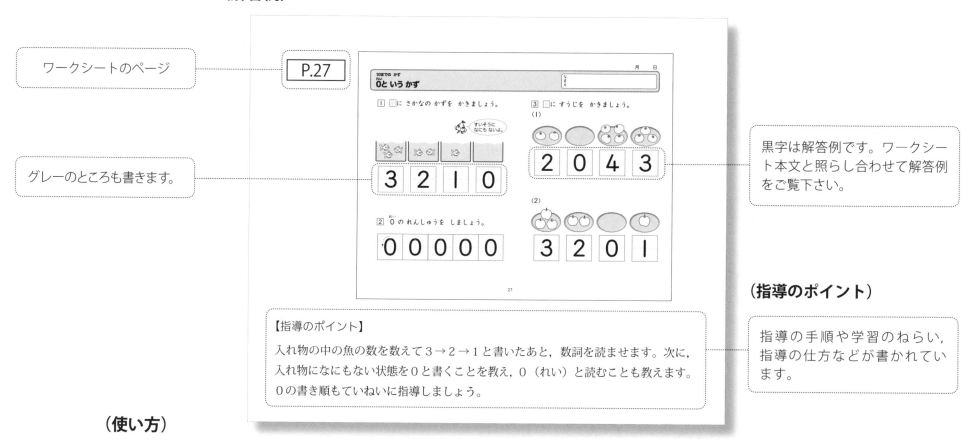

ワークシートのページ

グレーのところも書きます。

黒字は解答例です。ワークシート本文と照らし合わせて解答例をご覧下さい。

（指導のポイント）

指導の手順や学習のねらい，指導の仕方などが書かれています。

（使い方）

児童に実施させる前に，必ず先生が問題を解いてください。本書の解答や指導のポイントは，あくまで1つの例です。先生の作られた解答をもとに，本書の解答例を参考に児童の多様な考えに寄り添って○つけをお願いします。

なかまあつめ
1〜5までの なかま ①

なまえ

月　日

● おなじ なかまの かずを かぞえて ◯で かこみましょう。

なかまあつめ
1〜5までの なかま ②

● おなじ なかまの かずを かぞえて ◯で かこみましょう。

なかまの かず
どちらが おおい ①

月　日

なまえ

1　どちらが おおいでしょうか。
　　おおい ほうを ◯で かこみましょう。

2　どちらが おおいでしょうか。
　　おおい ほうを ◯で かこみましょう。

なかまの かず
どちらが おおい ②

1 どちらが おおいでしょうか。
　おおい ほうを ◯で かこみましょう。

2 どちらが おおいでしょうか。
　おおい ほうを ◯で かこみましょう。

5までの かず
かずを かこう

月　日

なまえ

● かずを ていねいに かきましょう。

●	いち	1	1			
●●	に	2	2			
●●●	さん	3	3			
●●●●	し	4	4			
●●●●●	ご	5	5			

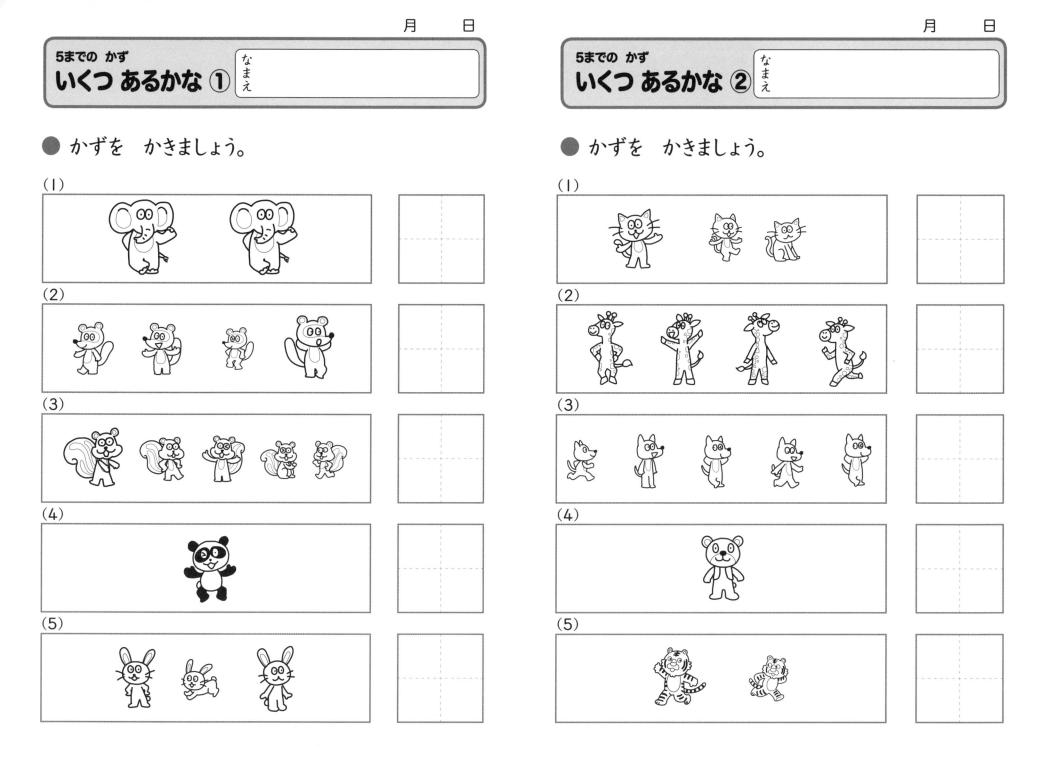

5までの かず	
# ゆびの かず ①	なまえ

● ゆびの かずを すうじで かきましょう。

(1)

(2)

(3)

(4)

(5)

5までの かず	
# ゆびの かず ②	なまえ

● ゆびの かずを すうじで かきましょう。

(1)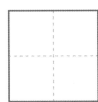

(2)

(3)

(4)

(5)

5までの かず
いろぬりと すうじ

● すうじの かずだけ ○に いろを ぬりましょう。

(1)

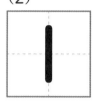 

(2)

● かずが おなじ ものを せんで むすびましょう。

● かずが おなじ ものを せんで むすびましょう。

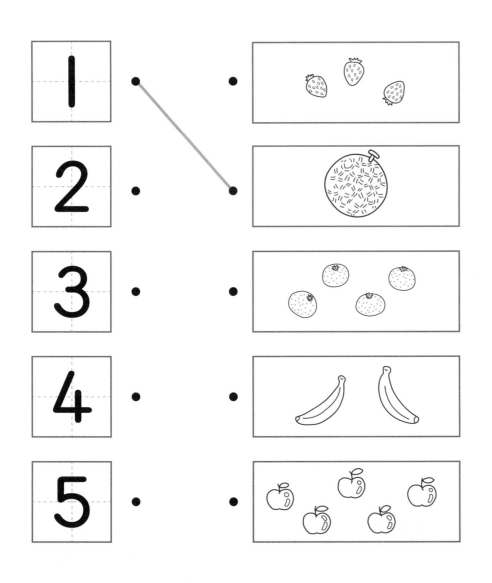

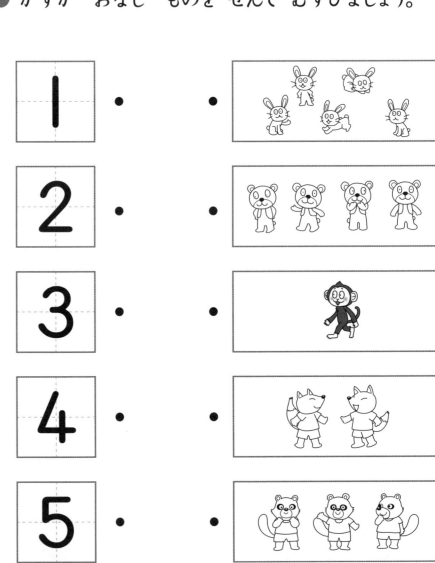

5までの かず	5までの かず
おなじ かず ③ なまえ 月 日	**おなじ かず ④** なまえ 月 日

● かずが おなじ ものを せんで むすびましょう。　　　● かずが おなじ ものを せんで むすびましょう。

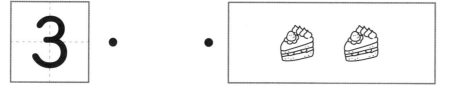

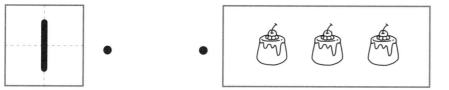
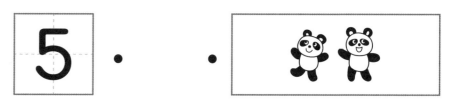
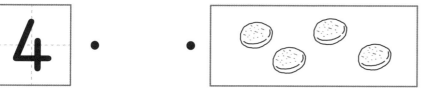
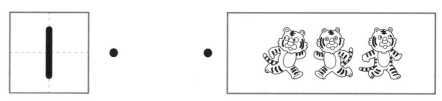
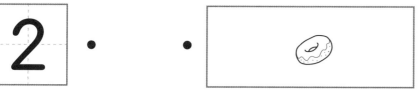
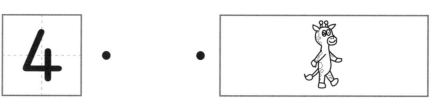
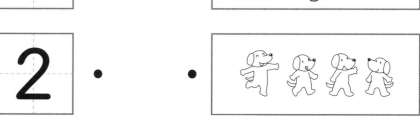

なかまあつめ
6〜10までの なかま

● いくつ ありますか。かずを かぞえて おなじ なかまを ◯で かこみましょう。

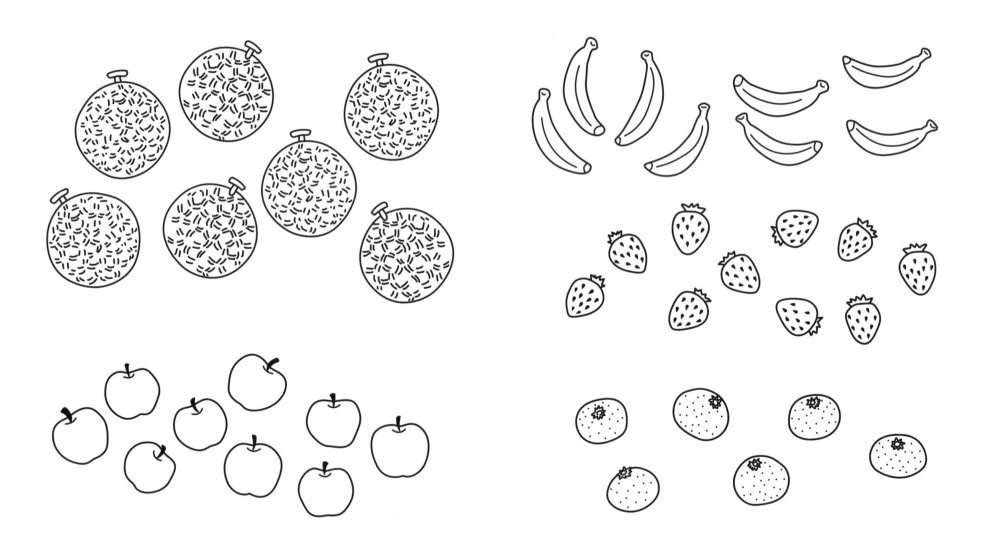

10までの かず
かずを かこう

なまえ

月　日

● かずを ていねいに かきましょう。

	ろく		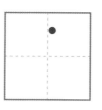				
	しち	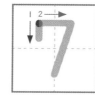	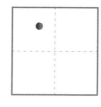				
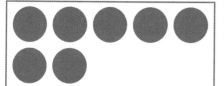	はち	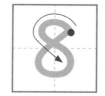	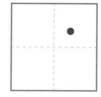				
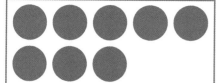	く		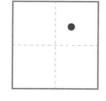				
	じゅう	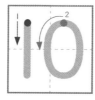	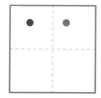				

10までの かず
すうじを かこう ①

●の かずだけ すうじを かきましょう。

(1)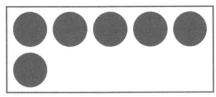

(2)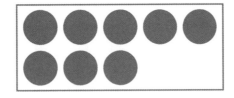

(3)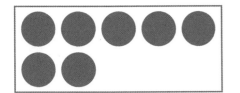

(4)

10までの かず
すうじを かこう ②

●の かずだけ すうじを かきましょう。

(1)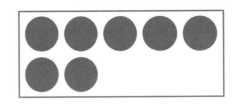

(2)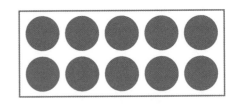

(3)

(4)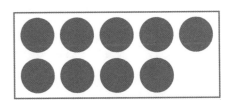

10までの かず　かずだけ いろを ぬろう ①

なまえ

● かずだけ ○に いろを ぬり、☐に すうじを かきましょう。

(1)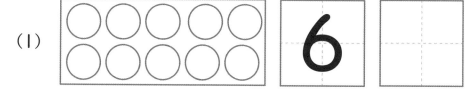

(2)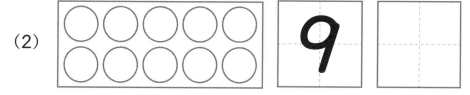

(3)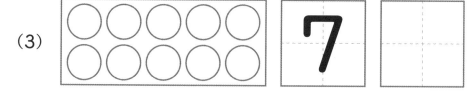

(4)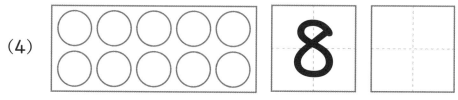

(5)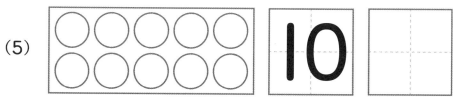

10までの かず　かずだけ いろを ぬろう ②

なまえ

● かずだけ ○に いろを ぬり、☐に すうじを かきましょう。

(1)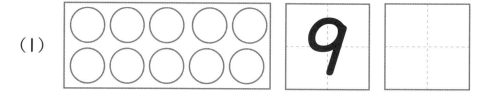

(2)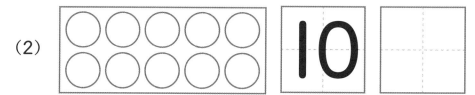

(3)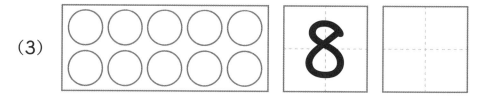

(4)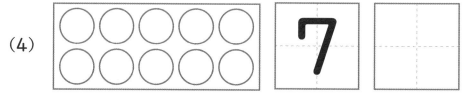

(5)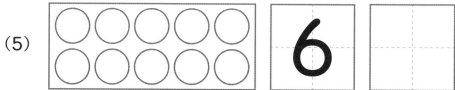

10までの かず
いくつ あるかな ①

月　日

なまえ

1 かずを かきましょう。

(1)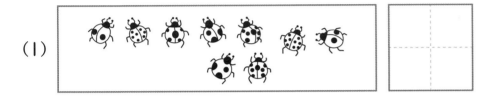

(2)

(3)

(4)

(5)

10までの かず
いくつ あるかな ②

月　日

なまえ

1 かずを かきましょう。

(1)

(2)

(3)

(4)

(5)

10までの かず
いくつ あるかな ③

月　日
なまえ

● かずを かきましょう。

(1)

(2)

(3)

(4)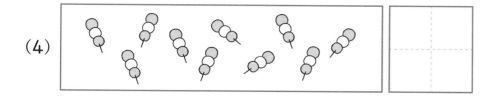

(5)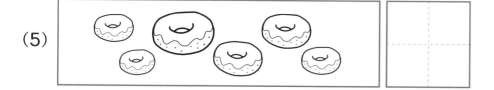

10までの かず
いくつ あるかな ④

月　日
なまえ

● かずを かきましょう。

(1)

(2)

(3)

(4)

(5)

● 1〜5までの ・(てん)を せんで むすびましょう。

● 1〜10までの ・(てん)を せんで むすびましょう。

10までの かず
1～10までの かずを かこう

なまえ

● ☐に かずを かきましょう。

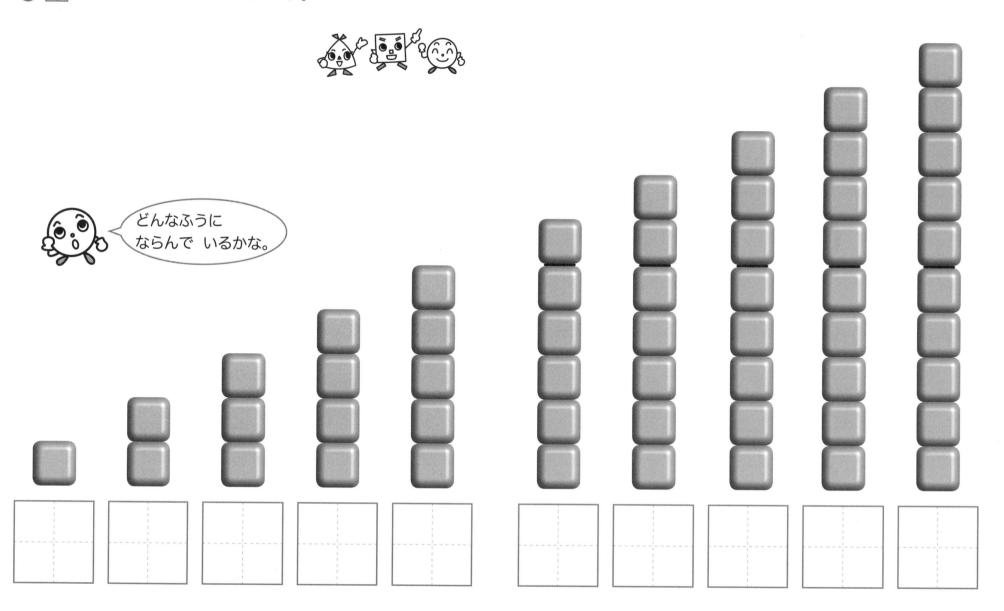

どんなふうに ならんで いるかな。

10までの かず
どちらが おおきい

● どちらの かずが おおきいでしょうか。 かずの おおきい ほうに ○を つけましょう。

(1) 6と7

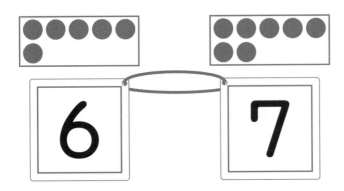

(2) 9と10

(3) 9と7

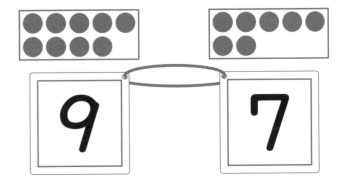

(4) 7と8

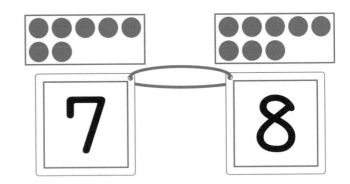

10までの かず
れい
0と いう かず

1 ☐に さかなの かずを かきましょう。

すいそうに なにも ないよ。

2 0の れんしゅうを しましょう。

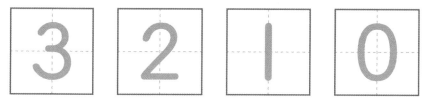

3 ☐に すうじを かきましょう。

(1)

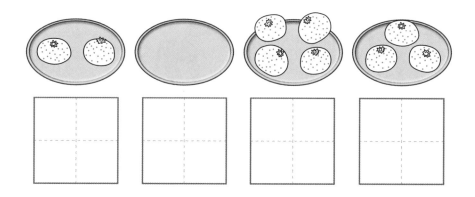

(2)

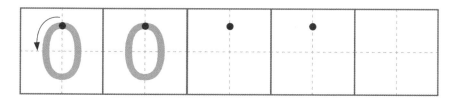

まえから なんびき / まえから なんばんめ

なまえ　　　　　　　　　　　　　　　月　日

● ○で かこみましょう。

(1) まえから 5ひき

(2) まえから 5ばんめ

(3) まえから 2ひき

(4) まえから 2ばんめ

（141％に拡大してお使いください）

まえから なんにん / まえから なんばんめ

なまえ　　　　　　　　　　　　　　　月　日

● ○で かこみましょう。

(1) まえから 4にん

(2) まえから 4ばんめ

(3) まえから 3にん

(4) まえから 3ばんめ

まえから なんばんめ

なまえ

● ◯で かこみましょう。

(1) まえから 5ばんめ

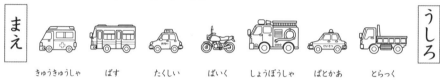

(2) まえから 3ばんめ

(3) まえから 3ばんめ

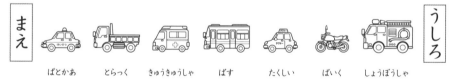

(4) まえから 6ばんめ

(141%に拡大してお使いください)

うしろから なんばんめ

なまえ

● ◯で かこみましょう。

(1) うしろから 3ばんめ

(2) うしろから 5ばんめ

(3) うしろから 6ばんめ

(4) うしろから 4ばんめ

まえから・うしろから なんばんめ

(1)  は まえから ☐ ばんめ

(2) は まえから ☐ ばんめ

(3) 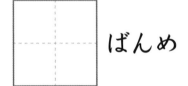 は まえから ☐ ばんめ

(4) 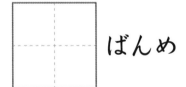 は まえから ☐ ばんめ

(5) 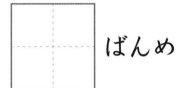 は うしろから ☐ ばんめ

(6) は うしろから ☐ ばんめ

(7) は うしろから ☐ ばんめ

(8) は うしろから ☐ ばんめ

●  に いろを ぬって □ に かずを かきましょう。

(1)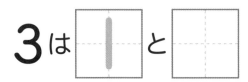

(2)

3は 1と □

4は 2と □

(3)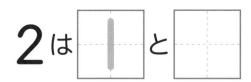

2は 1と □

(4)

3は 2と □

(5)

4は 3と □

1  に いろを ぬって □ に かずを かきましょう。

(1)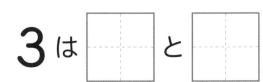

3は □ と □

(2)

3は □ と □

2 🐸 に いろを ぬって □ に かずを かきましょう。

(1)

4は □ と □

(2)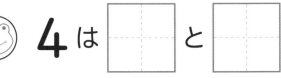

4は □ と □

(3)

4は □ と □

	月　日		月　日
3・4・5の いくつと いくつ ① なまえ		**3・4・5の いくつと いくつ ②** なまえ	

● 🐰に いろを ぬって ☐に かずを かきましょう。

(1)  3は 2 と ☐

(2)  5は 4 と ☐

(3)  4は 2 と ☐

(4)  5は 3 と ☐

● 🐷に いろを ぬって ☐に かずを かきましょう。

(1) 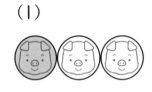 3は ☐ と ☐

(2)  4は ☐ と ☐

(3)  5は ☐ と ☐

(4) 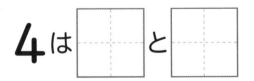 4は ☐ と ☐

月　日

5は いくつと いくつ ①

なまえ

● 🐵に いろを ぬって ▢に かずを かきましょう。

(1) 🐵🐵🐵🐵🐵　5は 3 と ▢

(2) 🐵🐵🐵🐵🐵　5は 1 と ▢

(3) 🐵🐵🐵🐵🐵　5は 2 と ▢

(4) 🐵🐵🐵🐵🐵　5は 4 と ▢

月　日

5は いくつと いくつ ②

なまえ

● 🐯に いろを ぬって ▢に かずを かきましょう。

(1) 🐯🐯🐯🐯🐯　5は ▢ と ▢

(2) 🐯🐯🐯🐯🐯　5は ▢ と ▢

(3) 🐯🐯🐯🐯🐯　5は ▢ と ▢

(4) 🐯🐯🐯🐯🐯　5は ▢ と ▢

6は いくつと いくつ

● ☐に かずを かきましょう。

(1)  6は ☐ と ☐

(2)  6は ☐ と ☐

(3)  6は ☐ と ☐

(4) 6は ☐ と ☐

(5) 6は ☐ と ☐

7は いくつと いくつ

なまえ

● ☐に かずを かきましょう。

(1)  　 7は ☐ と ☐

(2)  　 7は ☐ と ☐

(3)  　 7は ☐ と ☐

(4)  　 7は ☐ と ☐

(5)  　 7は ☐ と ☐

(6)  　 7は ☐ と ☐

8は いくつと いくつ

● □に かずを かきましょう。

(1)  8は □ と □

(2) 8は □ と □

(3)  8は □ と □

(4)  8は □ と □

(5)  8は □ と □

(6)  8は □ と □

(7)  8は □ と □

9は いくつと いくつ

● □に かずを かきましょう。

(1)  　9は □ と □

(2)  　9は □ と □

(3)  　9は □ と □

(4)  　9は □ と □

(5) 　9は □ と □

(6) 　9は □ と □

(7)  　9は □ と □

(8) 　9は □ と □

10は いくつと いくつ ①

● ☐に かずを かきましょう。

(1) 10は ☐ と ☐
(2) 10は ☐ と ☐
(3) 10は ☐ と ☐
(4) 10は ☐ と ☐
(5) 10は ☐ と ☐
(6) 10は ☐ と ☐
(7) 10は ☐ と ☐
(8) 10は ☐ と ☐
(9) 10は ☐ と ☐

10は いくつと いくつ ②

● □に かずを かきましょう。

(1) 10は □ と □
(2) 10は □ と □
(3) 10は □ と □
(4) 10は □ と □
(5) 10は □ と □
(6) 10は □ と □
(7) 10は □ と □
(8) 10は □ と □
(9) 10は □ と □

いくつと いくつ **10を つくろう ①**	なまえ			月 日	

● たて よこ ななめに 10を みつけて ◯で かこみましょう。

4	3	5	5
6	8	2	2
5	5	1	5
1	3	7	9

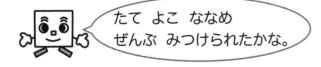
たて よこ ななめ ぜんぶ みつけられたかな。

いくつと いくつ **10を つくろう ②**	なまえ			月 日	

● たて よこ ななめに 10を みつけて ◯で かこみましょう。

8	2	6	1
4	5	9	3
7	4	7	5
3	6	2	5

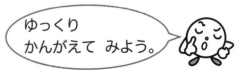
ゆっくり かんがえて みよう。

3までの たしざん
あわせて いくつ ①

なまえ

● きんぎょは あわせて なんびきに なりますか。

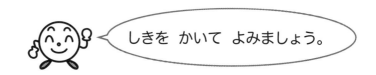
しきを かいて よみましょう。

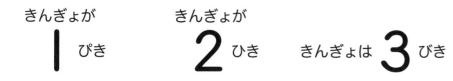

しき 1 + 2 = 3
　　いち　たす　に　は　さん

こたえ ☐ びき

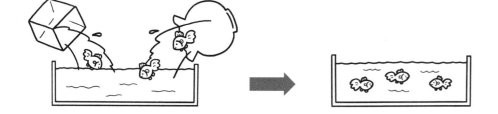

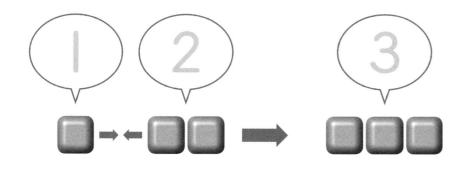

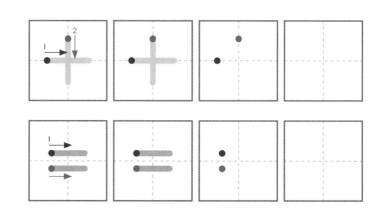

3までの たしざん
あわせて いくつ ②

なまえ

月　日

1. りんごは あわせて なんこに なりますか。

しき □ + □ = □

こたえ □ こ

2. ひつじは みんなで なんびきに なりますか。

しき □ + □ = □

こたえ □ びき

3までの たしざん
■で たしざん ①

なまえ

● たしざんを しましょう。

① 1 + 2 =

② 1 + 1 =

③ 2 + 1 =

3までの たしざん
■で たしざん ②

なまえ

● たしざんを しましょう。

① 1 + 1 =

② 1 + 2 =

③ 2 + 1 =

5までの たしざん
あわせて いくつ

● きんぎょは あわせて なんびきに なりますか。

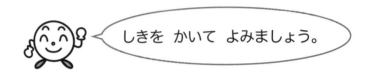
しきを かいて よみましょう。

きんぎょが **2**ひき　きんぎょが **3**びき　きんぎょは **5**ひき

しき　2 ＋ 3 ＝ 5
　　　に　たす　さん　は　ご

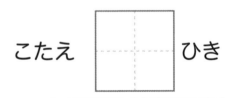
こたえ　☐　ひき

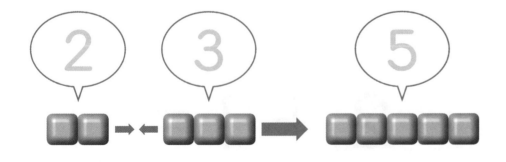

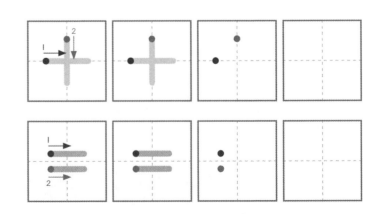

5までの たしざん
あわせて いくつ　ふえると いくつ

なまえ

月　日

1　あわせると いくつに なりますか。

しき □ ＋ □ ＝ □

こたえ □ ほん

2　ふえると いくつに なりますか。

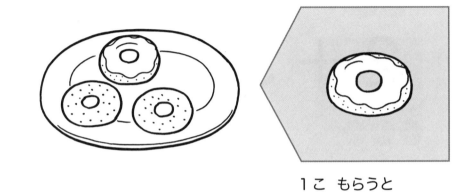

1こ もらうと

しき □ ＋ □ ＝ □

こたえ □ こ

5までの たしざん
●で たしざん

● たしざんを しましょう。

① 2 + 3 =

② 3 + 1 =

③ 1 + 3 =

④ 2 + 2 =

⑤ 4 + 1 =

⑥ 3 + 2 =

⑦ 1 + 4 =

5までの たしざん
□で たしざん

● たしざんを しましょう。

① 1 + 3 =

② 3 + 1 =

③ 4 + 1 =

④ 2 + 2 =

⑤ 1 + 4 =

⑥ 3 + 2 =

⑦ 2 + 3 =

5までの たしざん
けいさん ①

なまえ

月　日

● たしざんを しましょう。

① 3 + 1 =

② 1 + 3 =

③ 2 + 3 =

④ 4 + 1 =

⑤ 2 + 2 =

⑥ 1 + 4 =

⑦ 3 + 2 =

● こたえの おおきい ほうを とおりましょう。
とおった こたえを 下の □に かきましょう。

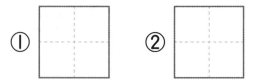

5までの たしざん
けいさん ②

● たしざんを しましょう。

① 1 + 3 =

② 3 + 2 =

③ 2 + 2 =

④ 4 + 1 =

⑤ 3 + 1 =

⑥ 1 + 4 =

⑦ 2 + 3 =

● こたえの おおきい ほうを とおりましょう。
とおった こたえを 下の □に かきましょう。

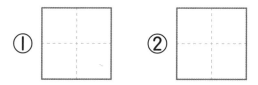

けいさん ③

5までの たしざん

なまえ

● しきを なぞって たしざんを しましょう。

① 2 + 3 =

② 2 + 2 =

③ 1 + 4 =

④ 3 + 2 =

⑤ 3 + 1 =

⑥ 4 + 1 =

⑦ 1 + 3 =

● こたえの おおきい ほうを とおりましょう。
とおった こたえを 下の □に かきましょう。

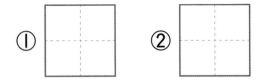

5までの たしざん
めいろ あそび

● こたえの おおきい ほうを とおって ゴールまで いきましょう。
とおった ほうの こたえを 下の □に かきましょう。

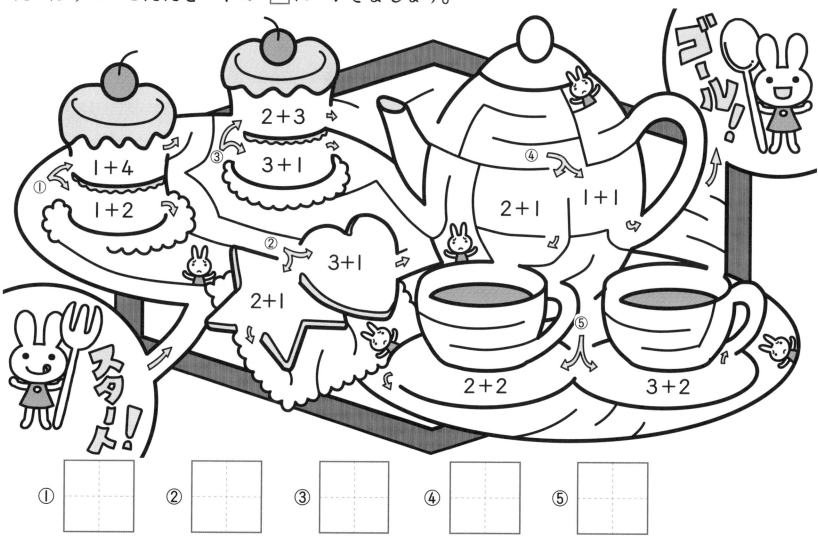

① ② ③ ④ ⑤

10までの たしざん
あわせて いくつ ふえると いくつ ①

1　りんごは あわせて なんこに なりますか。

2　はちが 5ひき います。3びき ふえると ぜんぶで なんびきに なりますか。

しき □ + □ = □

こたえ □ こ

しき □ + □ = □

こたえ □ ひき

10までの たしざん
あわせて いくつ ふえると いくつ ②

1 コップは あわせて いくつに なりますか。

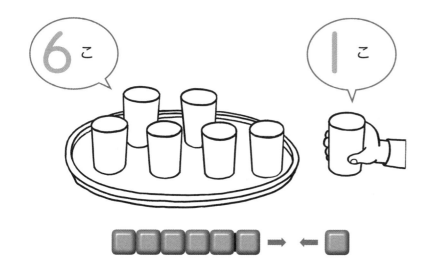

しき □ + □ = □

こたえ □ こ

2 ちょうちょが 6ぴき います。4ひき ふえると ぜんぶで なんびきに なりますか。

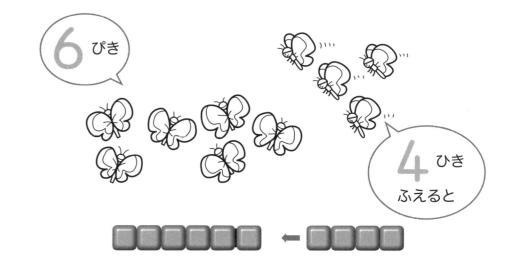

しき □ + □ = □

こたえ □ ぴき

10までの たしざん
あわせて いくつ ふえると いくつ ③

なまえ

月　日

① ボールは あわせて いくつに なりますか。

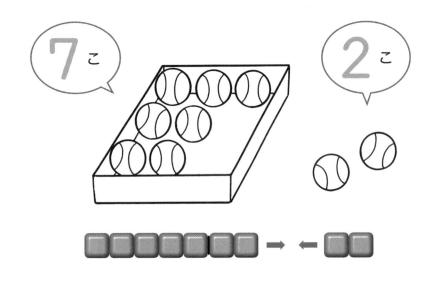

しき □ ＋ □ ＝ □

こたえ □ こ

② かめが 7ひき います。3びき ふえると ぜんぶで なんびきに なりますか。

しき □ ＋ □ ＝ □

こたえ □ ぴき

10までの たしざん
あわせて いくつ ふえると いくつ ④

1　おにぎりは あわせて いくつに なりますか。

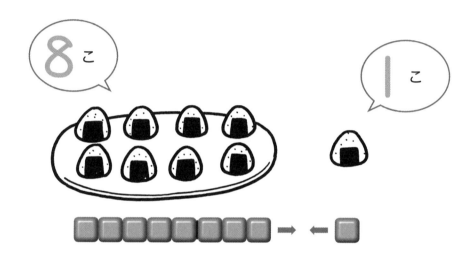

しき □ + □ = □

こたえ □ こ

2　すずめが 9わ います。1わ ふえると ぜんぶで なんわに なりますか。

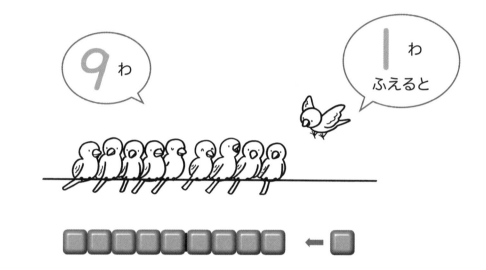

しき □ + □ = □

こたえ □ わ

10までの たしざん
□で たしざん ①

● たしざんを しましょう。

① 5 + 2 =

② 5 + 5 =

③ 5 + 4 =

④ 5 + 1 =

⑤ 5 + 3 =

10までの たしざん
□で たしざん ②

● たしざんを しましょう。

① 5 + 5 =

② 5 + 4 =

③ 5 + 1 =

④ 5 + 3 =

⑤ 5 + 2 =

10までの たしざん ③ で たしざん

● たしざんを しましょう。

① 6 + 2 =

② 6 + 3 =

③ 6 + 4 =

④ 6 + 1 =

⑤ 6 + 2 =

10までの たしざん ④ で たしざん

● たしざんを しましょう。

① 6 + 4 =

② 6 + 2 =

③ 6 + 1 =

④ 6 + 3 =

⑤ 6 + 4 =

10までの たしざん ■で たしざん ⑤

なまえ

● たしざんを しましょう。

① 7 + 1 =

② 7 + 2 =

③ 7 + 3 =

10までの たしざん ■で たしざん ⑥

なまえ

● たしざんを しましょう。

① 8 + 1 =

② 8 + 2 =

③ 9 + 1 =

10までの たしざん □で たしざん ⑦

● たしざんを しましょう。

① 2 + 8 =

② 1 + 7 =

③ 2 + 5 =

④ 4 + 5 =

⑤ 3 + 7 =

10までの たしざん □で たしざん ⑧

● たしざんを しましょう。

① 1 + 6 =

② 3 + 5 =

③ 4 + 6 =

④ 2 + 6 =

⑤ 1 + 9 =

10までの たしざん ▢で たしざん ⑨

● たしざんを しましょう。

① 1 + 8 =
② 3 + 6 =
③ 2 + 7 =
④ 1 + 5 =
⑤ 4 + 5 =

10までの たしざん ▢で たしざん ⑩

● たしざんを しましょう。

① 2 + 8 =
② 3 + 7 =
③ 3 + 5 =
④ 4 + 6 =
⑤ 2 + 6 =

10までの たしざん □で たしざん ⑪

● たしざんを しましょう。

① 2 + 4 =
② 3 + 4 =
③ 3 + 3 =
④ 4 + 4 =
⑤ 4 + 3 =

10までの たしざん □で たしざん ⑫

● たしざんを しましょう。

① 4 + 2 =
② 4 + 3 =
③ 4 + 4 =
④ 3 + 3 =
⑤ 3 + 4 =

けいさん ① — 10までの たしざん

なまえ　　　　　月　日

● たしざんを しましょう。

① 5 + 1 =
② 5 + 2 =
③ 5 + 3 =
④ 5 + 4 =
⑤ 5 + 5 =

けいさん ② — 10までの たしざん

なまえ　　　　　月　日

● たしざんを しましょう。

① 5 + 4 =
② 5 + 1 =
③ 5 + 5 =
④ 5 + 3 =
⑤ 5 + 2 =

10までの たしざん けいさん ③

なまえ

● たしざんを しましょう。

① 6 + 1 =
② 6 + 2 =
③ 6 + 3 =
④ 6 + 4 =
⑤ 6 + 3 =

10までの たしざん けいさん ④

なまえ

● たしざんを しましょう。

① 6 + 3 =
② 6 + 1 =
③ 6 + 4 =
④ 6 + 2 =
⑤ 6 + 4 =

10までの たしざん
けいさん ⑤

なまえ

● たしざんを しましょう。

① 7 + 1 =
② 7 + 2 =
③ 7 + 3 =
④ 7 + 2 =
⑤ 7 + 3 =

10までの たしざん
けいさん ⑥

なまえ

● たしざんを しましょう。

① 9 + 1 =
② 8 + 2 =
③ 8 + 1 =
④ 8 + 2 =
⑤ 9 + 1 =

10までの たしざん
けいさん ⑦

なまえ

● たしざんを しましょう。

① 3 + 3 =

② 5 + 2 =

③ 8 + 2 =

④ 4 + 1 =

⑤ 6 + 4 =

10までの たしざん
けいさん ⑧

なまえ

● たしざんを しましょう。

① 1 + 7 =

② 7 + 1 =

③ 2 + 6 =

④ 4 + 4 =

⑤ 9 + 1 =

けいさん ⑨ (10までの たしざん)

● たしざんを しましょう。

① 1 + 2 =
② 4 + 2 =
③ 2 + 3 =
④ 3 + 6 =
⑤ 6 + 1 =

けいさん ⑩ (10までの たしざん)

● たしざんを しましょう。

① 2 + 1 =
② 5 + 5 =
③ 4 + 6 =
④ 7 + 2 =
⑤ 1 + 5 =

10までの たしざん けいさん ⑪

なまえ

● たしざんを しましょう。

① 1 + 8 =

② 2 + 2 =

③ 5 + 1 =

④ 3 + 5 =

⑤ 8 + 1 =

10までの たしざん けいさん ⑫

なまえ

● たしざんを しましょう。

① 1 + 1 =

② 7 + 3 =

③ 4 + 3 =

④ 2 + 5 =

⑤ 3 + 2 =

10までの たしざん
ぶんしょうだい ①

1 あおい とりが 3わ
   きいろい とりが 5わ います。
   とりは あわせて なんわ いますか。

2 いぬが 2ひき います。
   きょう 6ぴき うまれました。
   いぬは ぜんぶで なんびきに なりましたか。

 あおい とり ☐ わ

 きいろい とり ☐ わ

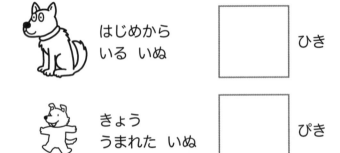

しき ☐ + ☐ = ☐

こたえ ☐ わ

しき ☐ + ☐ = ☐

こたえ ☐ ぴき

10までの たしざん ぶんしょうだい ②

なまえ

1 あおい えんぴつが 7ほんと あかい えんぴつが 2ほん あります。えんぴつは あわせて なんぼん ありますか。

しき

こたえ　　　ほん

2 すいそうに さかなが 5ひき およいでいます。そこへ 4ひき さかなを いれました。さかなは ぜんぶで なんびきに なりましたか。

しき

こたえ　　　ひき

10までの たしざん ぶんしょうだい ③

なまえ

1 ばななが 4ほん ありました。また 4ほん もらいました。ばななは ぜんぶで なんぼんに なりますか。

しき

こたえ　　　ほん

2 まるい おにぎりが 6こ, さんかくの おにぎりが 4こあります。ぜんぶで なんこ おにぎりが ありますか。

しき

こたえ　　　こ

10までの たしざん
めいろ あそび

なまえ

● こたえの おおきい ほうを とおって ゴールまで いきましょう。

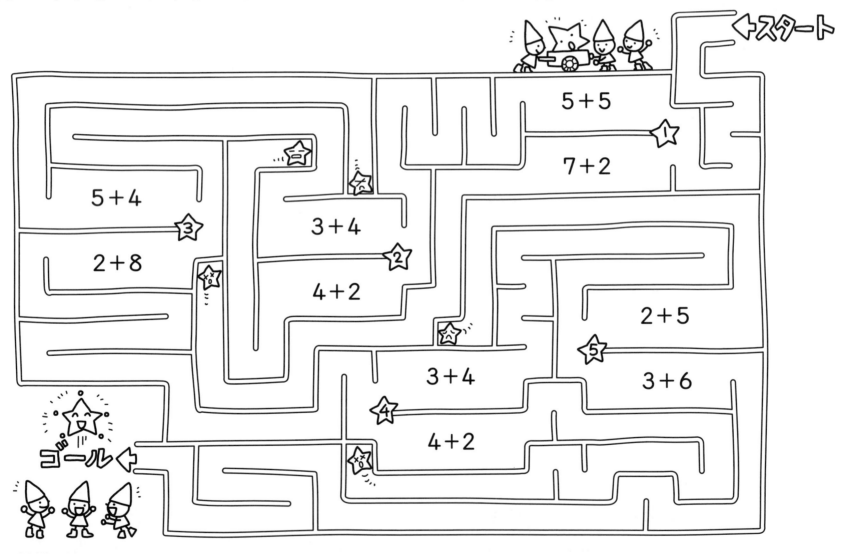

3までの ひきざん
のこりは いくつ ①

なまえ

● のこりの きんぎょは なんびきに なりますか。

しきを かいて よみましょう。

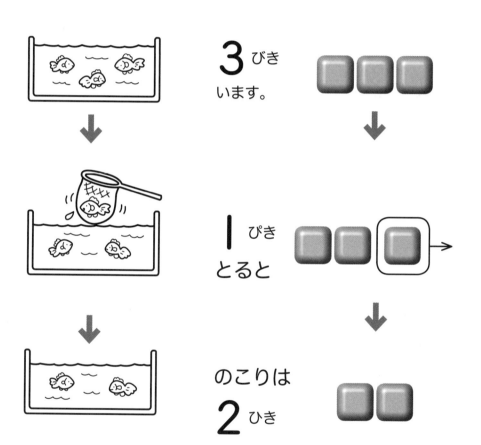

しき 3 − 1 = 2
　　さん　ひく　いち　は　に

こたえ　　　ひき

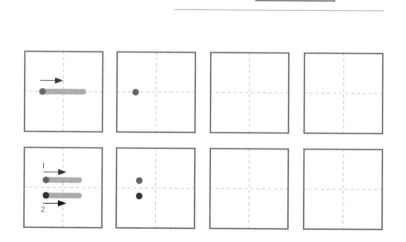

3までの ひきざん
のこりは いくつ ②

なまえ

月　日

1　のこりの みかんは なんこに なりますか。

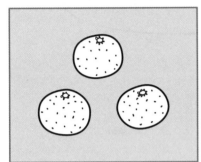 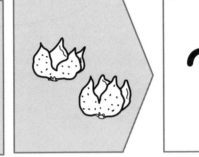 

みかんが　　　　2こ
3こ あります。　たべました。

しき ☐ − ☐ = ☐

こたえ ☐ こ

2　のこりの ねこは なんびきに なりますか。

ねこが 3びき　　1ぴき いえに
あそんで います。　かえりました。

しき ☐ − ☐ = ☐

こたえ ☐ ひき

3までの ひきざん
◼ で ひきざん ①

● ひきざんを しましょう。

①
3 − 2 =

②
2 − 1 =

③
3 − 1 =

3までの ひきざん
◼ で ひきざん ②

● ひきざんを しましょう。

① 3 − 1 =

② 3 − 2 =

③ 2 − 1 =

5までの ひきざん
のこりは いくつ ①

なまえ

● のこりの きんぎょは なんびきに なりますか。

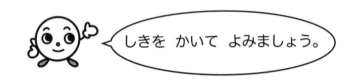
しきを かいて よみましょう。

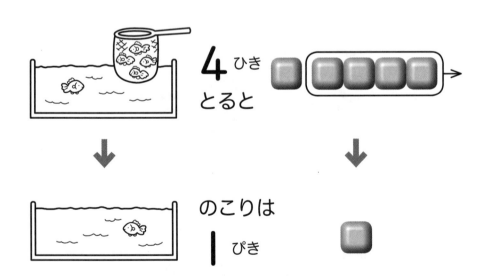

しき   5 − 4 = 1
　　　　ご　ひく　よん　は　いち

こたえ　　　ぴき

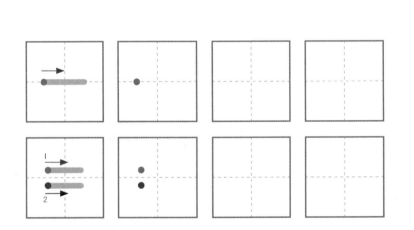

5までの ひきざん
のこりは いくつ ②

1 のこりの えんぴつは なんぼんに なりますか。

えんぴつが　　2ほん
4ほん あります。　あげました。

しき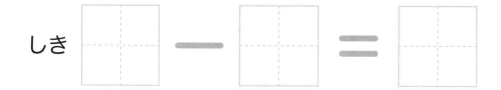

こたえ  ほん

2 のこりの ふうせんは なんこに なりますか。

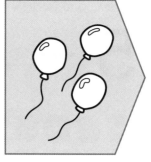

ふうせんが　　3こ
5こ あります。　とんで いきました。

しき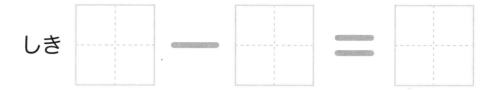

こたえ  こ

5までの ひきざん
●で ひきざん

● ひきざんを しましょう。

① 5 − 4 =

② 5 − 1 =

③ 5 − 2 =

④ 5 − 3 =

⑤ 4 − 2 =

⑥ 4 − 1 =

⑦ 4 − 3 =

5までの ひきざん
□で ひきざん

● ひきざんを しましょう。

① 5 − 3 =

② 5 − 4 =

③ 5 − 2 =

④ 5 − 1 =

⑤ 4 − 3 =

⑥ 4 − 2 =

⑦ 4 − 1 =

5までの ひきざん
けいさん ①

なまえ

月　日

● ひきざんを しましょう。

① 5 − 2 =

② 4 − 1 =

③ 5 − 3 =

④ 5 − 4 =

⑤ 4 − 3 =

⑥ 5 − 1 =

⑦ 4 − 2 =

● こたえの おおきい ほうを とおりましょう。
とおった こたえを 下の □ に かきましょう。

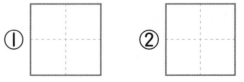

① 　　②

5までの ひきざん
けいさん ②

なまえ

● ひきざんを しましょう。

① 4 − 3 =

② 5 − 1 =

③ 4 − 2 =

④ 5 − 2 =

⑤ 4 − 1 =

⑥ 5 − 3 =

⑦ 5 − 4 =

● こたえの おおきい ほうを とおりましょう。
とおった こたえを 下の □に かきましょう。

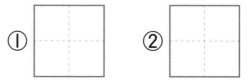

けいさん ③

5までの ひきざん

● しきを なぞって ひきざんを しましょう。

① 5 − 3 =
② 4 − 3 =
③ 5 − 1 =
④ 5 − 4 =
⑤ 4 − 2 =

⑥ 4 − 1 =
⑦ 5 − 2 =

● こたえの おおきい ほうを とおりましょう。
とおった こたえを 下の □ に かきましょう。

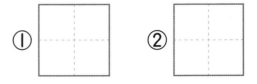

5までの ひきざん
けいさん ④

なまえ

● ひきざんを しましょう。

2 − 1 = ☐   3 − 1 = ☐   4 − 1 = ☐   5 − 1 = ☐

　　　　　　　3 − 2 = ☐   4 − 2 = ☐   5 − 2 = ☐

　　　　　　　　　　　　　　4 − 3 = ☐   5 − 3 = ☐

　　　　　　　　　　　　　　　　　　　　　　5 − 4 = ☐

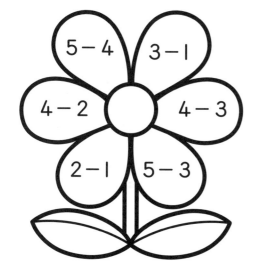

こたえが **2** になる はなびら だけ いろを ぬろう！

5までの ひきざん
めいろ あそび

● こたえの おおきい ほうを とおって ゴールまで いきましょう。
とおった ほうの こたえを 下の □に かきましょう。

① ② ③ ④ ⑤

10までの ひきざん
のこりは いくつ ①
（6－○）

なまえ

月　日

● しきを かいて こたえましょう。

ねずみが 6ぴき

1ぴき おりると，
のこりの ねずみは なんびきに なりますか。

しき □ － □ ＝ □

こたえ □ ひき

10までの ひきざん
のこりは いくつ ②
（7－○）

なまえ

月　日

● のこりの とりは なんわに なりますか。

7わ います。

4わ とんでいくと

しき □ － □ ＝ □

こたえ □ わ

10までの ひきざん
のこりは いくつ ③ (8-○)

なまえ

① のこりの りんごは なんこに なりますか。

しき □ − □ = □

こたえ □ こ

② のこりの てんとうむしは なんびきに なりますか。

しき □ − □ = □

こたえ □ ひき

10までの ひきざん
のこりは いくつ ④ (9−○)

なまえ

1 のこりの つばめは なんわに なりますか。

しき □ − □ = □

こたえ □ わ

2 のこりの さかなは なんびきに なりますか。

しき □ − □ = □

こたえ □ ひき

10までの ひきざん
のこりは いくつ ⑤ (10−○)

なまえ

月　日

1 のこりの ねずみは なんびきに なりますか。

2 のこりの チョコレートは なんこに なりますか。

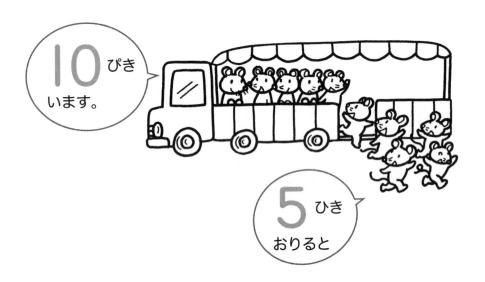

しき □ − □ = □

しき □ − □ = □

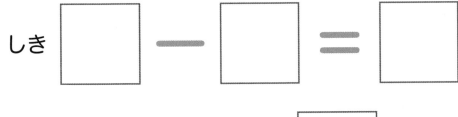

こたえ □ ひき

こたえ □ こ

10までの ひきざん
□で ひきざん ① (6−○)

●ひきざんを しましょう。

① 6 − 1 =
② 6 − 2 =
③ 6 − 3 =
④ 6 − 4 =
⑤ 6 − 5 =

10までの ひきざん
□で ひきざん ② (6−○)

●ひきざんを しましょう。

① 6 − 4 =
② 6 − 5 =
③ 6 − 1 =
④ 6 − 3 =
⑤ 6 − 2 =

10までの ひきざん ■で ひきざん ③ (7-○)

● ひきざんを しましょう。

① 7 − 1 =
② 7 − 2 =
③ 7 − 3 =
④ 7 − 4 =
⑤ 7 − 5 =

10までの ひきざん ■で ひきざん ④ (7-○)

● ひきざんを しましょう。

① 7 − 6 =
② 7 − 4 =
③ 7 − 2 =
④ 7 − 5 =
⑤ 7 − 3 =

10までの ひきざん　□で ひきざん ⑤　(8－○)

● ひきざんを しましょう。

① 8 － 1 =

② 8 － 2 =

③ 8 － 3 =

④ 8 － 4 =

⑤ 8 － 5 =

10までの ひきざん　□で ひきざん ⑥　(8－○)

● ひきざんを しましょう。

① 8 － 6 =

② 8 － 7 =

③ 8 － 2 =

④ 8 － 4 =

⑤ 8 － 3 =

10までの ひきざん ■で ひきざん ⑦ (9−○)

● ひきざんを しましょう。

① 9 − 1 =
② 9 − 2 =
③ 9 − 3 =
④ 9 − 4 =
⑤ 9 − 5 =

10までの ひきざん ■で ひきざん ⑧ (9−○)

● ひきざんを しましょう。

① 9 − 6 =
② 9 − 7 =
③ 9 − 8 =
④ 9 − 2 =
⑤ 9 − 4 =

10までの ひきざん ■で ひきざん ⑨ (8-○, 9-○)

● ひきざんを しましょう。

① 8 − 3 =

② 9 − 4 =

③ 8 − 2 =

④ 9 − 6 =

⑤ 9 − 8 =

10までの ひきざん ■で ひきざん ⑩ (8-○, 9-○)

● ひきざんを しましょう。

① 8 − 5 =

② 9 − 2 =

③ 8 − 6 =

④ 9 − 7 =

⑤ 8 − 4 =

10までの ひきざん ⑪ (10 − ○)

● ひきざんを しましょう。

① 10 − 1 =
② 10 − 2 =
③ 10 − 3 =
④ 10 − 4 =
⑤ 10 − 5 =

10までの ひきざん ⑫ (10 − ○)

● ひきざんを しましょう。

① 10 − 6 =
② 10 − 7 =
③ 10 − 8 =
④ 10 − 9 =
⑤ 10 − 3 =

10までの ひきざん ⬛でひきざん ⑬ (9-○, 10-○)

● ひきざんを しましょう。

① 10 − 3 =

② 9 − 4 =

③ 10 − 6 =

④ 9 − 7 =

⑤ 10 − 5 =

10までの ひきざん ⬛でひきざん ⑭ (9-○, 10-○)

● ひきざんを しましょう。

① 10 − 2 =

② 10 − 7 =

③ 9 − 3 =

④ 10 − 4 =

⑤ 9 − 6 =

10までの ひきざん ひきざん ①（6−○）

● ひきざんを しましょう。

① 6 − 3 =

② 6 − 1 =

③ 6 − 5 =

④ 6 − 4 =

⑤ 6 − 2 =

10までの ひきざん ひきざん ②（7−○）

● ひきざんを しましょう。

① 7 − 5 =

② 7 − 2 =

③ 7 − 6 =

④ 7 − 3 =

⑤ 7 − 4 =

10までの ひきざん ひきざん ③ (8−○)

● ひきざんを しましょう。

① 8 − 3 =

② 8 − 6 =

③ 8 − 1 =

④ 8 − 2 =

⑤ 8 − 5 =

10までの ひきざん ひきざん ④ (9−○)

● ひきざんを しましょう。

① 9 − 4 =

② 9 − 1 =

③ 9 − 7 =

④ 9 − 6 =

⑤ 9 − 8 =

10までの ひきざん ⑤ (10−○)

● ひきざんを しましょう。

① 10 − 3 =
② 10 − 6 =
③ 10 − 1 =
④ 10 − 4 =
⑤ 10 − 8 =

10までの ひきざん ⑥ (10−○)

● ひきざんを しましょう。

① 10 − 2 =
② 10 − 5 =
③ 10 − 9 =
④ 10 − 7 =
⑤ 10 − 6 =

10までの ひきざん
けいさん ①

なまえ

● ひきざんを しましょう。

① 9 − 3 =

② 7 − 5 =

③ 10 − 2 =

④ 6 − 4 =

⑤ 8 − 7 =

10までの ひきざん
けいさん ②

なまえ

● ひきざんを しましょう。

① 10 − 5 =

② 9 − 7 =

③ 8 − 4 =

④ 7 − 2 =

⑤ 10 − 3 =

10までの ひきざん けいさん ③

なまえ

● ひきざんを しましょう。

① 6 − 2 =

② 8 − 6 =

③ 10 − 8 =

④ 7 − 4 =

⑤ 9 − 5 =

10までの ひきざん けいさん ④

なまえ

● ひきざんを しましょう。

① 10 − 7 =

② 6 − 1 =

③ 9 − 6 =

④ 8 − 2 =

⑤ 7 − 3 =

10までの ひきざん けいさん ⑤

なまえ

● ひきざんを しましょう。

① 10 − 6 =

② 8 − 3 =

③ 9 − 4 =

④ 6 − 5 =

⑤ 7 − 6 =

10までの ひきざん けいさん ⑥

なまえ

● ひきざんを しましょう。

① 8 − 5 =

② 9 − 2 =

③ 10 − 4 =

④ 9 − 8 =

⑤ 6 − 3 =

10までの ひきざん
ぶんしょうだい ①

1 あめが 9こ あります。6こ たべました。
   のこりの あめは なんこに なりますか。

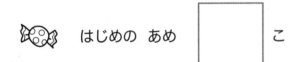　はじめの あめ ☐ こ

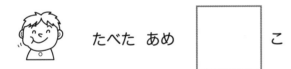　たべた あめ ☐ こ

しき　☐ － ☐ ＝ ☐
　　　はじめの あめ　たべた あめ　のこりの あめ

こたえ ☐ こ

2 ゆきだるまを 7こ つくりました。つぎのひ, 4こ とけて いました。のこりの ゆきだるまは なんこに なりますか。

しき　☐ － ☐ ＝ ☐
　　　つくった　とけた　のこりの
　　　ゆきだるま　ゆきだるま　ゆきだるま

こたえ ☐ こ

ぶんしょうだい ②

10までの ひきざん

1　かぶとむしを 8ひき つかまえました。
4ひき にがして やりました。
のこりの かぶとむしは なんびきに なりますか。

2　いもほりで いもを 10こ とりました。
そのうち 8こ やいて たべました。
のこりの いもは なんこに なりますか。

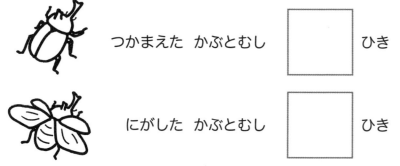

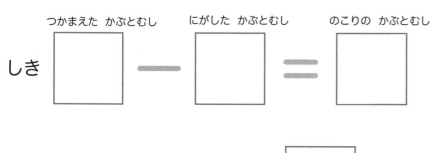

10までの ひきざん
たしざん・ひきざん どちらかな

なまえ

月　日

1　さかなを 7ひき かってきました。5ひき やいて たべました。のこりの さかなは なんびきに なりますか。

どちらかに ◯をしましょう。

（ たしざん ・ ひきざん ）

しき

こたえ

2　あさがおの はなが 6こ さきました。つぎのひ 3こ さきました。あさがおは あわせて なんこ さきましたか。

どちらかに ◯をしましょう。

（ たしざん ・ ひきざん ）

しき

こたえ

10までの ひきざん
ぬりえ あそび ①

● こたえが 4と 5に なる さかなに いろを ぬりましょう。

10までの ひきざん
ぬりえ あそび ②

● こたえが 2と 3に なる にんじんに いろを ぬりましょう。

児童に実施させる前に，必ず先生が問題を解いてください。本書の解答や指導のポイントは，あくまで1つの例です。先生の作られた解答をもとに，本書の解答例を参考に児童の多様な考えに寄り添って○つけをお願いします。

P.8

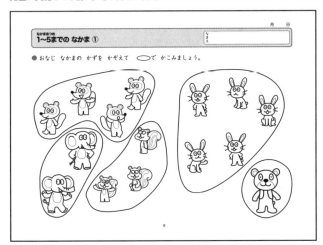

【指導のポイント】

「どんな動物がいますか」と発問し，動物の種類（なかま）を確認させます。次に「たぬきは何頭いますか」と尋ねて，なかまの数（集合数）を数えさせます。そのとき，1頭1頭に印をつけたり，ブロックなどを置かせたりして数えさせましょう。4頭ということがわかれば，たぬき全体を大きく○で囲ませます。ほかの動物も同じようにします。

P.9

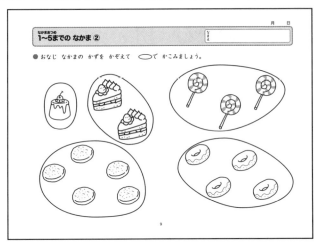

【指導のポイント】

はじめに，「どんなお菓子がありますか」と発問し，お菓子の種類（なかま）を確認させます。次に，「ケーキは何個ありますか」と尋ねて，なかまの数（集合数）を数えさせます。絵の上に置いたバラバラのブロックなどは，数を正確に数えるため，きちんと横に一列に並べて数えさせた方がよいでしょう。

P.10

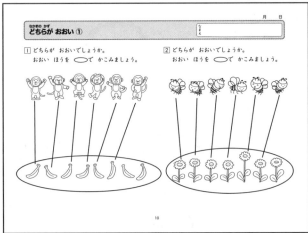

【指導のポイント】

「何と何の絵ですか」と尋ね，さるとバナナのなかまの絵であることを1対1対応で確認させます。1対1対応は，絵と絵を線で結んだり，○で囲ませたりしましょう。絵と絵の間隔が狭いので，ゆっくりていねいに進めましょう。
この学習のキーワードは，「○○が多い」「○○が少ない」です。

P.11

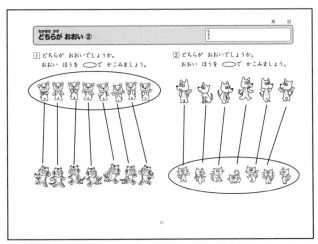

【指導のポイント】

1の問題のくまととらは，かなりくっついています。左，または右端から，1頭ずつていねいに線結びなどをさせます。終わったら，多い方を○で囲んだり色ぬりをさせてもよいでしょう。2の問題の犬とねこでは大きさが違ったり，上下が少しずれています。左または右端から，ていねいに1対1対応の線や○で囲ませます。

児童に実施させる前に，必ず先生が問題を解いてください。本書の解答や指導のポイントは，あくまで1つの例です。先生の作られた解答をもとに，本書の解答例を参考に児童の多様な考えに寄り添って○つけをお願いします。

P.12

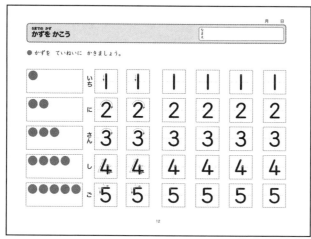

【指導のポイント】

はじめに，「●はいくつありますか」と発問し，一つひとつ，1〜5までの集合数を確認させます。次に，1〜5までの数字を指で押さえながら声に出して読ませます。2,3度読ませたあと，筆順どおりていねいに清書させます。一度にすべての数字を書かせると乱雑になる場合があります。清書ができたら,1文字ごとに花丸をしてあげましょう。

P.13

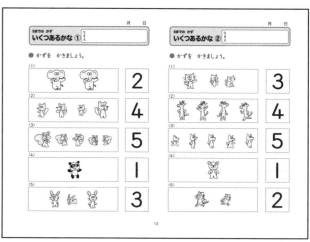

【指導のポイント】

同じなかまですが，大きさが違っていたり，少し離れていたりしています。また，動きも変わっていたりしますが，集合数として認識できるかを確認します。これまでと同様，数字を書く前や書いたあとなど，何度も数詞を唱えさせましょう。

P.14

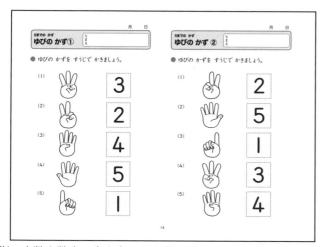

【指導のポイント】

具体物の1つとして指の本数を数字で書き表します。指の絵の横に同じ数の算数ブロックやおはじきを置かせると5までのかずの理解がより深まります。「自分でも絵と同じ指を出してみましょう」と声をかけ，自分の指とシートの指を一致させてから数字を書かせてもよいでしょう。

P.15

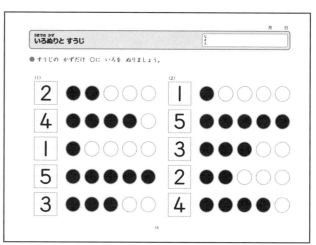

【指導のポイント】

はじめに，「数字を読みましょう」と発問し，数字と数詞が一致しているかを確認します。次に，「数字の数だけ○に色をぬりましょう」と声をかけ，数字と同じ数だけ○に色をぬらせます。数字は順不同に並んでいます。数詞を声に出して読んだあと，数字に対応した数だけ○に色がぬられているかを確認しましょう。

児童に実施させる前に，必ず先生が問題を解いてください。本書の解答や指導のポイントは，あくまで1つの例です。先生の作られた解答をもとに，本書の解答例を参考に児童の多様な考えに寄り添って○つけをお願いします。

P.16

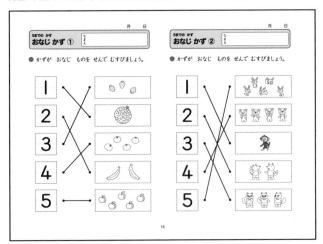

【指導のポイント】

「1と同じ数の果物はどれでしょう。2と同じ数の果物は…」と発問し，「メロン，バナナ…」と答えさせます。その後，数字と対応する絵を線で結ばせます。動物も同じように確認して数字と対応する絵を線で結ばせましょう。

P.17

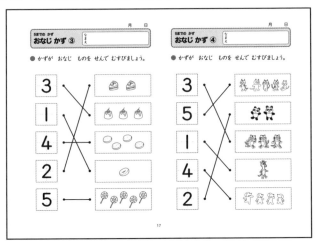

【指導のポイント】

数字と数が同じお菓子や動物の絵とを線で結んで対応させます。数字も絵も順不同に並んでいるので，ていねいに結ばせましょう。またお菓子や動物の上に，算数ブロックなどを同じ数ずつ並べさせてから，線を結ばせる方法もあります。この方法だと，数字・絵・算数ブロックなどの三者の対応ができるかを確認できます。

P.18

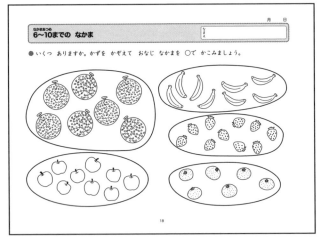

【指導のポイント】

「どんな果物がありますか」と発問し，メロン，りんご，バナナ，いちご，みかんがあることを確認させます。次に，「メロンは何個ありますか」と尋ねて，なかまの数（集合数）を数えさせます。数えた絵に印をつけ，同じなかまを大きくで囲ませます。絵の上に算数ブロックなどの半具体物を置かせて数えると，集合数の理解がより深まります。

P.19

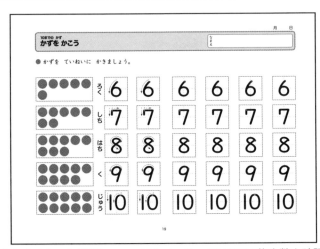

【指導のポイント】

はじめに，「●はいくつありますか」と発問し，一つひとつ，6～10までの集合数を確認させます。次に，6～10までの数字を指で押さえながら声に出して読ませます。
2,3度読ませたあと，筆順どおりていねいに清書させます。一度にすべての数字を書かせると乱雑になる場合があります。清書ができたら，1文字ごとに花丸をしてあげましょう。

児童に実施させる前に，必ず先生が問題を解いてください。本書の解答や指導のポイントは，あくまで1つの例です。先生の作られた解答をもとに，本書の解答例を参考に児童の多様な考えに寄り添って○つけをお願いします。

P.20

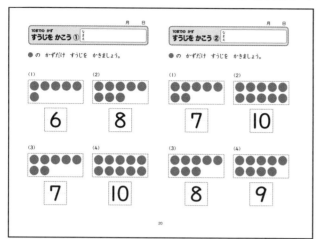

【指導のポイント】
集合数が理解できているかを確かめます。「●はいくつありますか」と発問して，集合数を確認します。数字がきれいに書けてなくても●●●●●●が6と書けていたらよしとします。

P.21

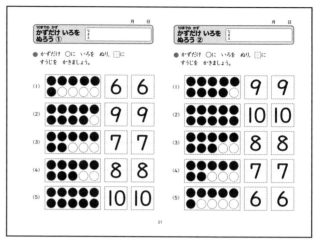

【指導のポイント】
はじめに，数字を声に出して読ませます。次に，数字の数だけ○に色をぬらせます。6なら5と1になるよう，5のかたまりを先にぬらせましょう。

P.22

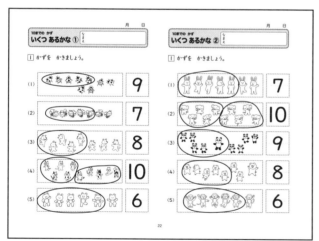

【指導のポイント】
5のかたまりで◯をして，6・7・8…と数えると，5といくつの意識が高まり，10までの数の理解が早く確実なものになります。10のときは，◯が2つになります。

P.23

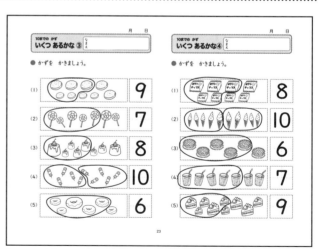

【指導のポイント】
不規則に並んでいたり，大きさが違っていたりするものもあります。「同じなかま」であることがわかり，数字を書くことができるかをみるためのシートです。
5のかたまりで◯をして，6・7・8…と数えると，5といくつの意識が高まり，10までの数の理解が早く確実なものになります。

児童に実施させる前に，必ず先生が問題を解いてください。本書の解答や指導のポイントは，あくまで1つの例です。先生の作られた解答をもとに，本書の解答例を参考に児童の多様な考えに寄り添って○つけをお願いします。

P.24

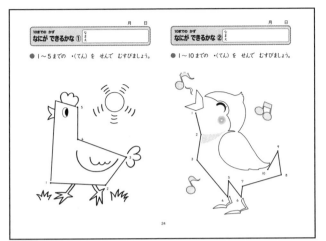

【指導のポイント】

1→2→3→4→5…と声に出しながら結ばせましょう。・(点) から・(点) におおよそまっすぐに線が引けたらよしとします。色ぬりをさせてもよいでしょう。間隔が狭いところがありますが，順番を間違えないように，ゆっくりていねいに引かせましょう。

P.25

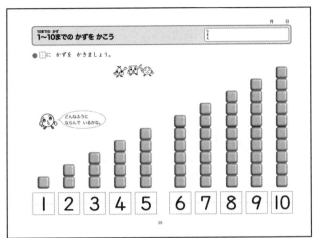

【指導のポイント】

はじめに，□に算数ブロックの数を書かせます。次に，書いた数字と算数ブロックを指で押さえながら声に出して，数詞を唱えさせましょう。同じ数詞を2回唱えたりしないように，数の系列どおり唱えさせます。最後に，「算数ブロックと数字を見て気づいたことはありませんか」と発問し，「1ずつ増えている」「だんだん高くなっている」ことに気づかせます。

P.26

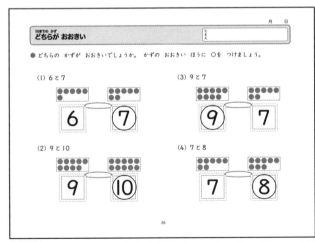

【指導のポイント】

数字の大小比較です。●の数を手がかりに大小を判定させましょう。5以上の数の大小比較をするときに，例えば（2）の問題の「9と10」なら，「5と4，5と5」とみて，10の方が大きいことを判別させてもよいでしょう。

P.27

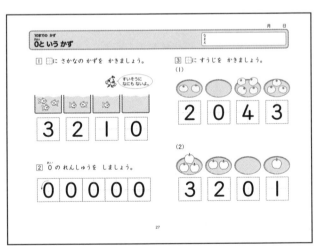

【指導のポイント】

入れ物の中の魚の数を数えて3→2→1と書いたあと，数詞を読ませます。次に，入れ物になにもない状態を0と書くことを教え，0（れい）と読むことも教えます。0の書き順もていねいに指導しましょう。

児童に実施させる前に，必ず先生が問題を解いてください。本書の解答や指導のポイントは，あくまで1つの例です。先生の作られた解答をもとに，本書の解答例を参考に児童の多様な考えに寄り添って○つけをお願いします。

P.28

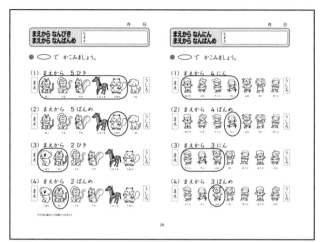

【指導のポイント】
集合数（5匹）と順序数（5番目）を同時に学習して，順序数（5番目）を理解するためのワークシートです。はじめに，（1）の問題で前から5匹に○をして，次に（2）の問題でその5番目だけに○をさせます。5匹と5番目の関係をていねいに教えます。

P.29

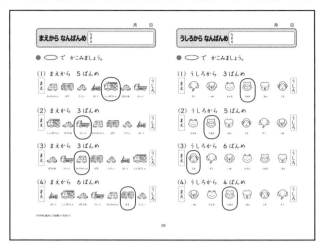

【指導のポイント】
順序数（なんばんめ）だけを学習します。どちらが「まえ」か「うしろ」かを確認してから，○をさせましょう。たとえば，「5番目」に○をするとき，「まえ」から順番に絵に5個／（斜線）を引かせたり，絵の上に印を5個つけさせたりしてから，5番目に○をさせましょう。

P.30

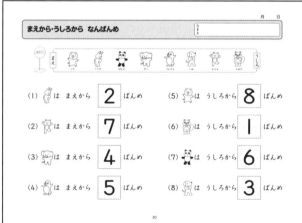

【指導のポイント】
（2）の問題なら，ぶたから順番にかえるまで絵に，7匹○をしたり，絵の横に小さい印をつけさせたりします。○や印をつけさせてから，□に7（ばんめ）と書かせます。

P.31

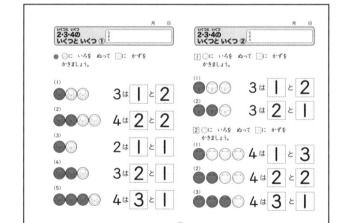

【指導のポイント】
2・3・4の「いくつといくつ」です。グレーの○と白い○を色分けさせて，数を確認してから，□に数字を書かせましょう。②の問題にはグレーの○がありませんが，①を参考に色ぬりと数字を書かせましょう。

P.32

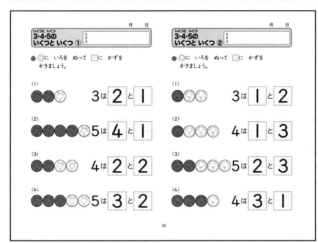

【指導のポイント】

3・4・5の「いくつといくつ」です。グレーの○と白い○を色分けさせて，数を確認してから，□に数字を書かせましょう。

P.33

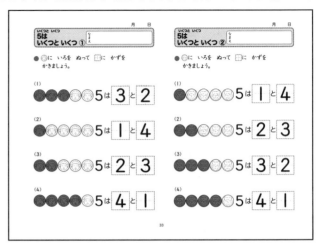

【指導のポイント】

5の「いくつといくつ」です。グレーの○と白い○を色分けさせて，数を確認してから，□に数字を書かせましょう。②の問題にはグレーの○がありませんが，①を参考に色ぬりと数字を書かせましょう。

P.34

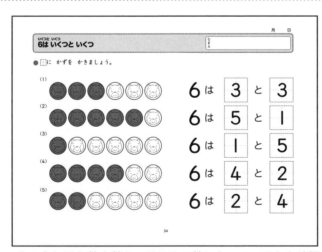

【指導のポイント】

(1) グレーの○と白い○の合わせた数を数え，はじめの数になっているかを確認させます。
(2) グレーの○の数を数えて，左の□に数字を書かせます。
(3) 白い○の数を数えて，右の□に数字を書かせます。

P.35

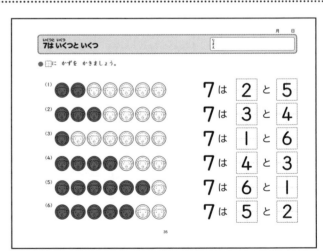

【指導のポイント】

(1) グレーの○と白い○の合わせた数を数え，はじめの数になっているかを確認させます。
(2) グレーの○の数を数えて，左の□に数字を書かせます。
(3) 白い○の数を数えて，右の□に数字を書かせます。

児童に実施させる前に，必ず先生が問題を解いてください。本書の解答や指導のポイントは，あくまで1つの例です。先生の作られた解答をもとに，本書の解答例を参考に児童の多様な考えに寄り添って○つけをお願いします。

P.36

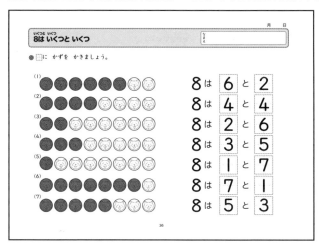

【指導のポイント】

(1) グレーの○と白い○の合わせた数を数え，はじめの数になっているかを確認させます。
(2) グレーの○の数を数えて，左の□に数字を書かせます。
(3) 白い○の数を数えて，右の□に数字を書かせます。

P.37

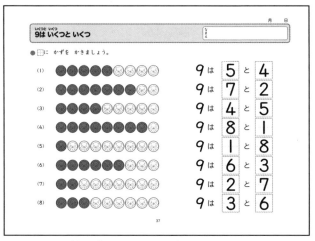

【指導のポイント】

(1) グレーの○と白い○の合わせた数を数え，はじめの数になっているかを確認させます。
(2) グレーの○の数を数えて，左の□に数字を書かせます。
(3) 白い○の数を数えて，右の□に数字を書かせます。

P.38

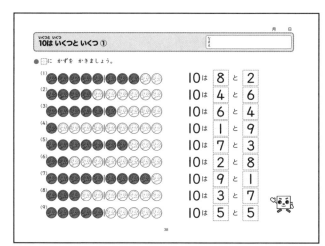

【指導のポイント】

(1) グレーの○と白い○の合わせた数を数え，はじめの数になっているかを確認させます。
(2) グレーの○の数を数えて，左の□に数字を書かせます。
(3) 白い○の数を数えて，右の□に数字を書かせます。

P.39

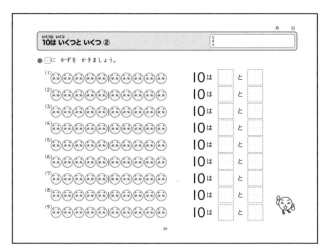

【指導のポイント】

「いくつといくつ」の自作用ワークシートです。

使い方の例(1)　○2個に色をぬり，左の□に2と書いてワークシートとします。
使い方の例(2)　○2個に色をぬり，□に2と8の数字を児童に書かせます。
使い方の例(3)　色ぬりと□の数字は児童に自由に書かせます。

児童に実施させる前に，必ず先生が問題を解いてください。本書の解答や指導のポイントは，あくまで1つの例です。先生の作られた解答をもとに，本書の解答例を参考に児童の多様な考えに寄り添って○つけをお願いします。

P.40

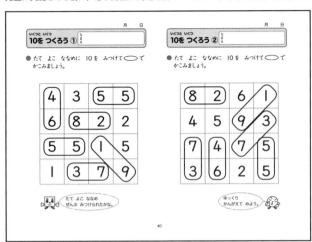

【指導のポイント】
縦，横，斜めに見て，10をつくります。はじめは，すべて縦，次に，横，最後に斜めの順に探させます。斜めはとくに難しいので，10がつくれたら一つひとつ順番に○をさせましょう。算数ブロック10個を机の上に置いて，「いくつといくつ」のときのように，算数ブロックを3と7, 2と8のように分けさせ，答えを確かめさせてもよいでしょう。

P.41

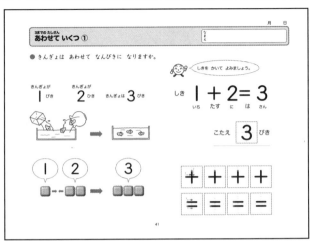

【指導のポイント】
「あわせていくつ」の理解を絵やブロックを使って確認し，たし算の式の表し方を学習します。実際にブロック操作するとよいでしょう。たし算の式をなぞって何度も声に出して読み，求めた答えを書きます。「＋」「＝」を書く練習もします。

P.42

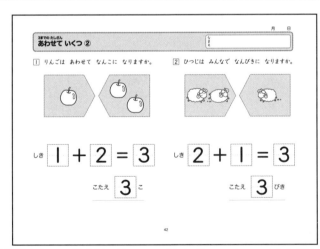

【指導のポイント】
文章題に取り組む前段階として，絵を読み取って，「あわせていくつ」のたし算を立式する学習です。式に絵の数をあてはめていきます。必要に応じて，ブロックなどを操作してあわせる2つの数を確かめながら立式し，答えを求めてもよいでしょう。

P.43

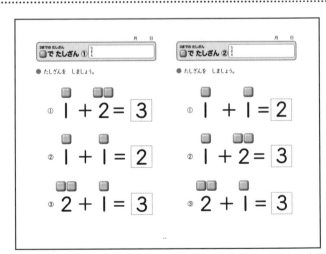

【指導のポイント】
ブロックの絵を手がかりに，たし算の答えを求めます。答えの数を書いてから，実際にブロックを操作し答えを確かめるとよいでしょう。数字だけで計算できる児童は，はじめはブロックを隠しておき，答えを書いてからブロックを見させてもよいでしょう。

児童に実施させる前に，必ず先生が問題を解いてください。本書の解答や指導のポイントは，あくまで1つの例です。先生の作られた解答をもとに，本書の解答例を参考に児童の多様な考えに寄り添って○つけをお願いします。

P.44

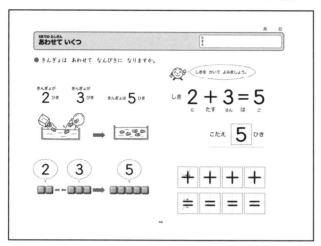

【指導のポイント】
「あわせていくつ」の理解を絵やブロックを使って確認し，たし算の式の表し方を学習します。実際にブロック操作してもよいでしょう。たし算の式をなぞって何度も声に出して読み，求めた答えを書きます。「＋」「＝」を書く練習もします。

P.45

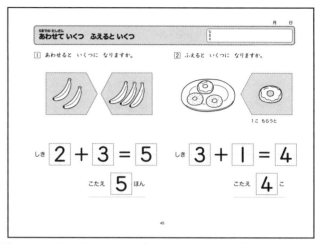

【指導のポイント】
文章題に取り組む前段階として，絵を読み取って，「あわせていくつ」「ふえるといくつ」のたし算を立式する学習です。式に絵の数をあてはめていきます。必要に応じて，ブロックなどを操作して2つの数を確かめながら立式し，答えを求めてもよいでしょう。

P.46

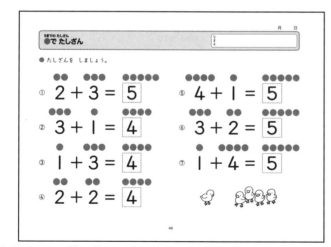

【指導のポイント】
半具体物○を手がかりに，たし算の答えを求めます。答え欄の○に色をぬったり○で囲んだりして答えを求めます。暗算できる児童には，答えの数を書かせてから確かめの意味で色ぬりなどさせてもよいでしょう。

P.47

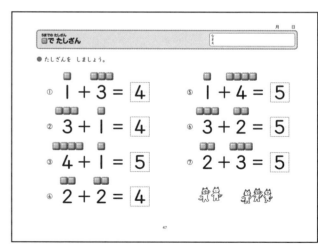

【指導のポイント】
ブロックの絵を手がかりに，たし算の答えを求めます。答えを求めてから，実際にブロックを操作し確かめるとよいでしょう。

113

児童に実施させる前に，必ず先生が問題を解いてください。本書の解答や指導のポイントは，あくまで1つの例です。先生の作られた解答をもとに，本書の解答例を参考に児童の多様な考えに寄り添って○つけをお願いします。

P.48

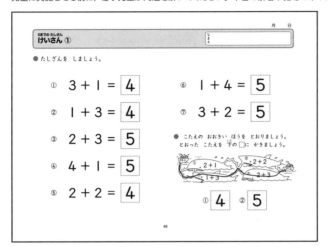

【指導のポイント】

答えが4か5になる，たし算7問の計算練習です。計算練習してから，迷路のような問題で楽しく，たし算に取り組みます。

P.49

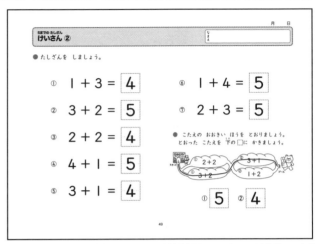

【指導のポイント】

答えが4か5になる，たし算7問の計算練習です。計算練習してから，迷路のような問題で楽しく，たし算に取り組みます。

P.50

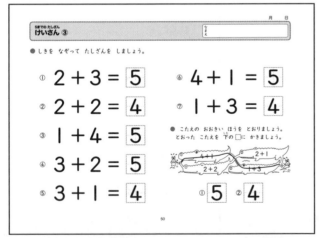

【指導のポイント】

答えが4か5になる，たし算7問の計算練習です。式をなぞって書く練習もします。計算練習してから，迷路のような問題で楽しくたし算に取り組みます。

P.51

【指導のポイント】

迷路をしながら，たし算に楽しく取り組みます。ゴールまで行ったあと色ぬりをさせても楽しいでしょう。

児童に実施させる前に，必ず先生が問題を解いてください。本書の解答や指導のポイントは，あくまで1つの例です。先生の作られた解答をもとに，本書の解答例を参考に児童の多様な考えに寄り添って○つけをお願いします。

P.52

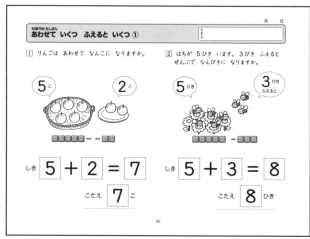

【指導のポイント】
たし算（5+○型）の「あわせていくつ（合併）」「ふえるといくつ（添加）」の意味を，絵から目に見える形で確認します。りんごの絵やはちの絵を，数を確かめて立式し，答えを求めます。必要に応じて，絵の上にブロックなどを置いて数を確認し，実際に操作させてもよいでしょう。

P.53

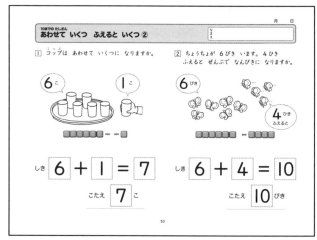

【指導のポイント】
たし算（6+○型）の意味を，絵から目に見える形で確認します。コップとちょうちょ，それぞれ2つの絵の数を確かめて立式し，答えを求めます。必要に応じて，絵の上にブロックなどを置いて数を確認し，実際に操作させてもよいでしょう。6のブロックは5と1がわかるように目印をしておきます。

P.54

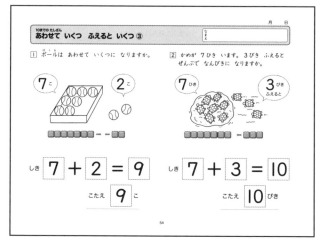

【指導のポイント】
たし算（7+○型）の意味を，絵から目に見える形で確認します。ボールとかめ，それぞれ2つの絵の数を確かめて立式し，答えを求めます。必要に応じて，絵の上にブロックなどを置いて数を確認し，実際に操作させてもよいでしょう。7のブロックは5と2がわかるように目印をしておきます。

P.55

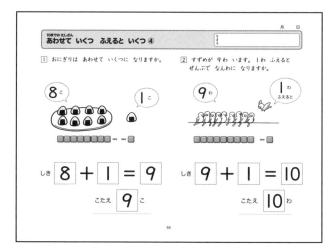

【指導のポイント】
たし算（8+○，9+○型）の意味を，絵から目に見える形で確認します。2つの絵の数を確かめて立式し，答えを求めます。必要に応じて，実際に絵の上にブロックなどを置いて数を確認してもよいでしょう。8や9のブロックは，5と3，5と4がよくわかるよう目印をしておきます。

P.56

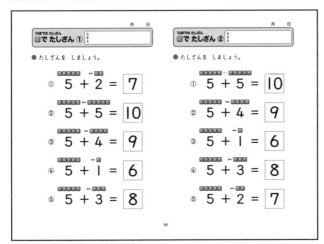

【指導のポイント】
ブロックの絵を手がかりに，たし算（5＋○型）の答えを求めます。答えを求めてから，実際にブロックを操作し確かめるとよいでしょう。

P.57

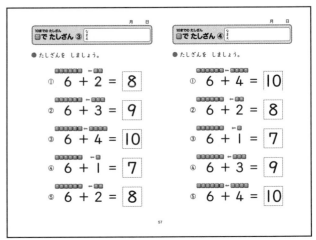

【指導のポイント】
ブロックの絵を手がかりに，たし算（6＋○型）の答えを求めます。指を使って計算する児童がいます。指を使うことを否定はしませんが，数が大きくなると指ではイメージできません。ほとんどの教科書は算数ブロックで指導しています。

P.58

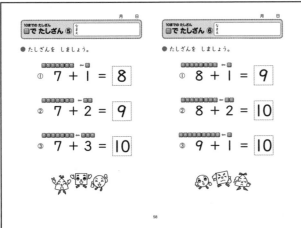

【指導のポイント】
ブロックの絵を手がかりに，たし算（7＋○，8＋○，9＋○型）の答えを求めます。7のブロックは，5と2が一目でわかるよう目印をつけるとよいでしょう。答えを求めてから，実際にブロックを操作し確かめましょう。8のブロックは，5と3が一目でわかるよう目印をつけるとよいでしょう。

P.59

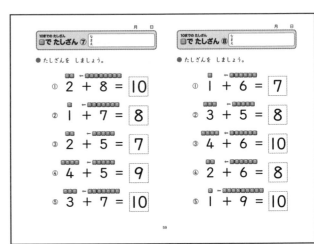

【指導のポイント】
はじめはブロックの絵を鉛筆などで隠して計算させましょう。次に，ブロックの絵を手がかりに，たし算（○＋5，○＋6，○＋7，○＋8，○＋9型）の答えを求めます。答えを求めてから，実際にブロックを操作し確かめるとよいでしょう。

児童に実施させる前に，必ず先生が問題を解いてください。本書の解答や指導のポイントは，あくまで1つの例です。先生の作られた解答をもとに，本書の解答例を参考に児童の多様な考えに寄り添って○つけをお願いします。

P.60

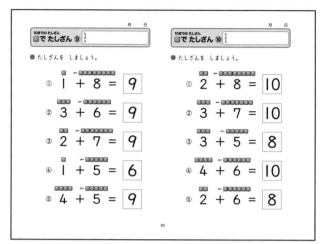

【指導のポイント】
はじめはブロックの絵を鉛筆などで隠して計算させましょう。次に，ブロックの絵を手がかりに，たし算（○＋5，○＋6，○＋7，○＋8型）の答えを求めます。答えを求めてから，実際にブロックを操作し確かめるとよいでしょう。

P.61

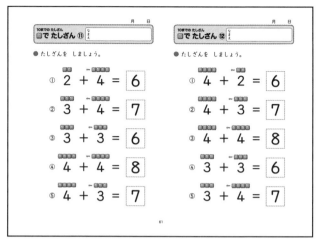

【指導のポイント】
はじめはブロックの絵を鉛筆などで隠して計算させましょう。次に，ブロックの絵を手がかりに，たし算の答えを求めます。指を使って計算する児童がいます。指を使うことを否定はしませんが，数が大きくなると指ではイメージできません。ほとんどの教科書は算数ブロックで指導しています。

P.62

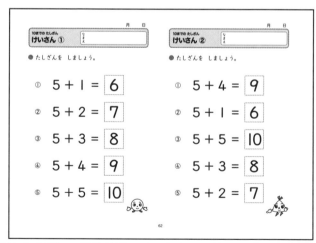

【指導のポイント】
たし算（5＋○型5問から出題）の計算練習です。たされる数の5がイメージしにくい児童には，机の上に5個のブロックだけを置いておき，それを手がかりに答えを求めさせてもよいでしょう。

P.63

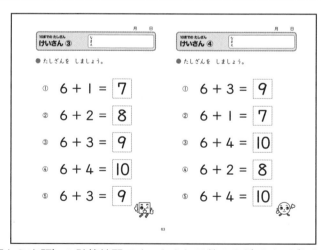

【指導のポイント】
たし算（6＋○型4問から出題）の計算練習です。たされる数の6がイメージしにくい児童には，机の上に6個のブロックだけを置いておき，それを手がかりに答えを求めさせてもよいでしょう。

児童に実施させる前に，必ず先生が問題を解いてください。本書の解答や指導のポイントは，あくまで１つの例です。先生の作られた解答をもとに，本書の解答例を参考に児童の多様な考えに寄り添って○つけをお願いします。

P.64

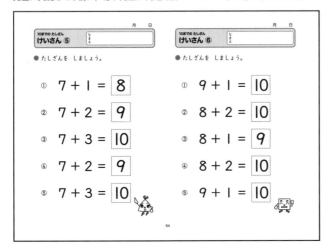

【指導のポイント】
たし算（7＋○型３問から出題）と，たし算（8＋○，9＋○型３問から出題）の計算練習です。

P.65

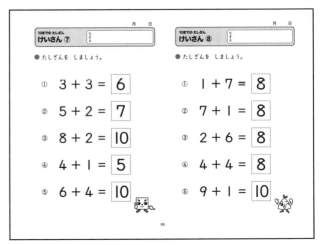

【指導のポイント】
たし算（答えが１０までのたし算全４５問より出題）の計算練習です。

P.66

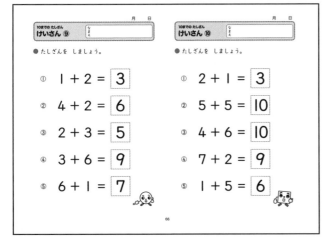

【指導のポイント】
たし算（答えが１０までのたし算全４５問より出題）の計算練習です。

P.67

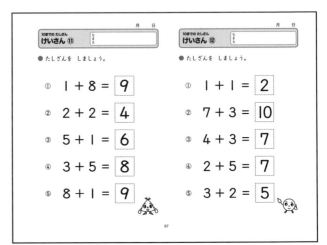

【指導のポイント】
たし算（答えが１０までのたし算全４５問より出題）の計算練習です。

児童に実施させる前に，必ず先生が問題を解いてください。本書の解答や指導のポイントは，あくまで1つの例です。先生の作られた解答をもとに，本書の解答例を参考に児童の多様な考えに寄り添って○つけをお願いします。

P.68

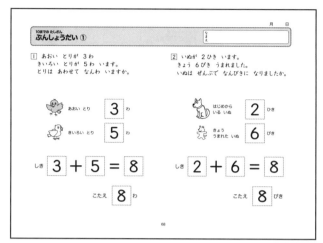

【指導のポイント】
文章をていねいに読み，2つの数やキーワードの「あわせて」「ぜんぶで」に線を引いたり枠囲みしたりして立式し，答えを求めます。手がかりになるイラストの数量の提示はありません。立式に必要な数を文章からしっかり取り出す練習をします。

P.69

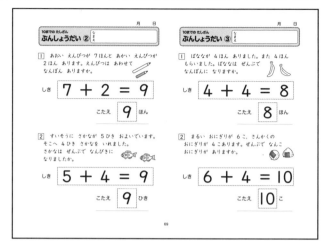

【指導のポイント】
文章をていねいに読み，2つの数を枠囲みしたり，「あわせて」「ぜんぶで」などの言葉に線を引いたりして取り組むとよいでしょう。手がかりになるイラスト数量の提示はありません。立式に必要な数を文章から確実に取り出し，たし算の記号を使って自分で式を書き，答えることを目指します。

P.70

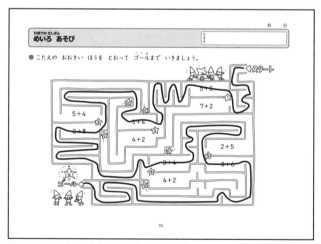

【指導のポイント】
答えが10までのたし算10問が出題されています。迷路をしながら，たし算に楽しく取り組みます。ゴールまで行ったあと，色ぬりをさせても楽しいでしょう。

P.71

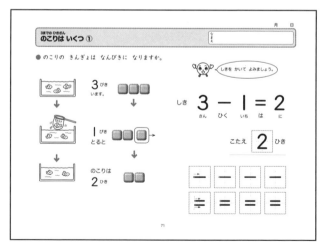

【指導のポイント】
ブロックを手がかりに「はじめの数」「ひく数」「残りの数」を1つの式にあてはめていきます。ブロックの□→がひく数であることを実際にブロック操作させながら確かめます。式をなぞらせ「3ひく1は2」と声に出して何度も読む練習をします。

児童に実施させる前に，必ず先生が問題を解いてください。本書の解答や指導のポイントは，あくまで１つの例です。先生の作られた解答をもとに，本書の解答例を参考に児童の多様な考えに寄り添って○つけをお願いします。

P.72

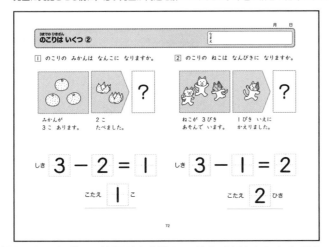

【指導のポイント】
文章題に入る前の練習です。まずは，教師が文を読み，絵を手がかりにしながら，場面を思い浮かばせます。「食べた・帰った」＝数が減る＝ひき算であることを理解させます。キーワードとなる言葉に印をつけさせてもよいでしょう。「はじめの数」「ひく数」を式にあてはめ，答えの？を児童それぞれの方法で導き出します。

P.73

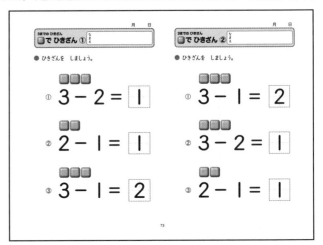

【指導のポイント】
ブロックの絵を手がかりにひき算の答えを求めます。「ひく数」の分だけブロックに×などの印をつけて「残りの数」を数えます。実際にブロックを用いて手で動かす操作をしながら答えを求めさせてもよいでしょう。

P.74

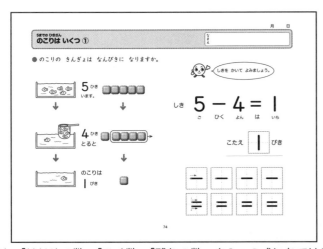

【指導のポイント】
ブロックを手がかりに「はじめの数」「ひく数」「残りの数」を１つの式にあてはめていきます。ブロックの□→がひく数であることを実際にブロックを操作させながら確かめます。式をなぞらせ，「５ひく４は１」と声に出して何度も読む練習をします。

P.75

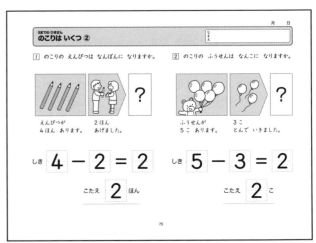

【指導のポイント】
文章題に入る前の練習です。まずは，教師が文を読み，絵を手がかりにしながら，場面を思い浮かばせます。「あげた・飛んでいった」＝数が減る＝ひき算であることを理解させます。キーワードとなる言葉に印をつけさせてもよいでしょう。「はじめの数」「ひく数」を式にあてはめ，児童それぞれの方法で答えを導き出します。

児童に実施させる前に，必ず先生が問題を解いてください。本書の解答や指導のポイントは，あくまで1つの例です。先生の作られた解答をもとに，本書の解答例を参考に児童の多様な考えに寄り添って○つけをお願いします。

P.76

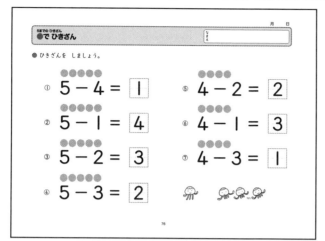

【指導のポイント】
半具体物（○）の絵を手がかりにひき算の答えを求めます。「ひく数」の分だけ○に×などの印をつけて「残りの数」を数えます。また，計算に慣れてきた児童は，先に計算をさせ答えが合っているかを操作して確かめさせてもよいでしょう。答えが書けたら「○ひく□は△」と何度も声に出して読んでいきます。

P.77

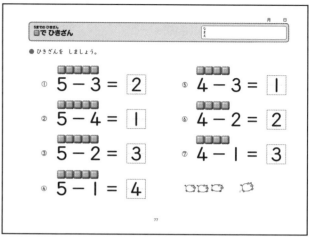

【指導のポイント】
ブロックの絵を手がかりにひき算の答えを求めます。「ひく数」の分だけブロックに×などの印をつけて「残りの数」を数えます。また，実際にブロックを用いて手で動かす操作をさせてもよいでしょう。答えが書けたら「○ひく□は△」と何度も声に出して読んでいきます。

P.78

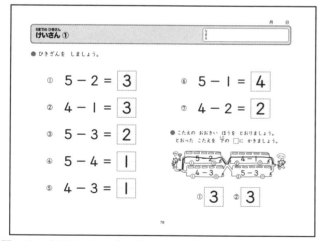

【指導のポイント】
ひき算7問の計算練習です。必要であれば，ブロックなどの具体物を使ったり，○を書かせるなどの操作をさせてもよいでしょう。答えが書けたら「○ひく□は△」と何度も声に出して読んでいきます。「迷路」は答えの大きい方を通ってゴールします。楽しく進めましょう。

P.79

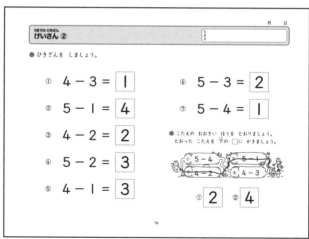

【指導のポイント】
ひき算7問の計算練習です。必要であれば，ブロックなどの具体物を使ったり，○を書かせるなどの操作をさせてもよいでしょう。答えが書けたら「○ひく□は△」と何度も声に出して読んでいきます。「迷路」は答えの大きい方を通ってゴールします。楽しく進めましょう。

児童に実施させる前に，必ず先生が問題を解いてください。本書の解答や指導のポイントは，あくまで1つの例です。先生の作られた解答をもとに，本書の解答例を参考に児童の多様な考えに寄り添って○つけをお願いします。

P.80

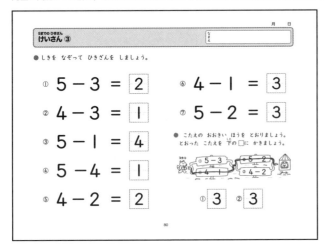

【指導のポイント】

ひき算7問の計算練習です。必要であれば，ブロックなどの具体物を使ったり，○を書かせるなどの操作をさせてもよいでしょう。答えが書けたら「○ひく□は△」と何度も声に出して読んでいきます。式を書く練習もします。数字と「−」「＝」のバランスに注意させててていねいになぞらせます。

P.81

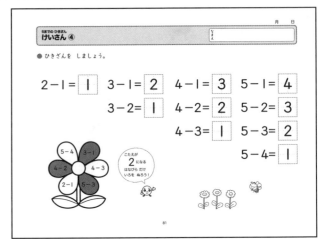

【指導のポイント】

ひき算10問の計算練習です。必要であれば，ブロックなどの具体物を使ったり，○を書かせるなどの操作をさせてもよいでしょう。答えが書けたら「○ひく□は△」と何度も声に出して読んでいきます。「花びら色ぬり」は答えが2になる花びらだけに色をぬっていきます。

P.82

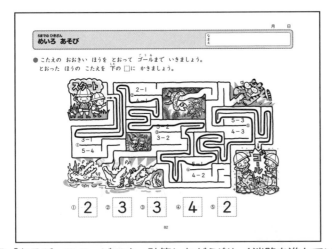

【指導のポイント】

計算を楽しく進める「あそび」のページです。計算しながら楽しく迷路を進んでいきましょう。答えを式の下に書いて，数の大きさを必ず比べさせましょう。確認できたら，大きい数の方を通って次に進みます。

P.83

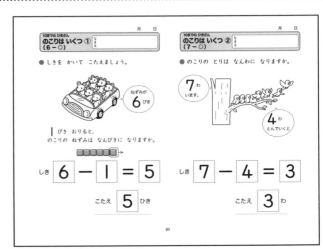

【指導のポイント】

絵やブロックを手がかりに，「はじめの数」「ひく数」を式に表し，残りの数を求めます。絵やブロックに×印をつけるなどの操作をさせてもよいですし，実際にブロックを絵の上に置いたあと並び替えさせてもよいでしょう。「ねずみ（鳥）は全部で何匹（何羽）いますか。」と「はじめの数」をまず確認します。

児童に実施させる前に，必ず先生が問題を解いてください。本書の解答や指導のポイントは，あくまで1つの例です。先生の作られた解答をもとに，本書の解答例を参考に児童の多様な考えに寄り添って○つけをお願いします。

P.84

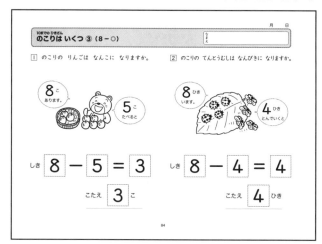

【指導のポイント】

絵を手がかりに，「はじめの数」「ひく数」を式に表し，残りの数を求めます。絵に×などの印をつけたり，りんごやてんとう虫の絵の上にブロックを置き，並び替えるなどの操作をさせてもよいでしょう。

P.85

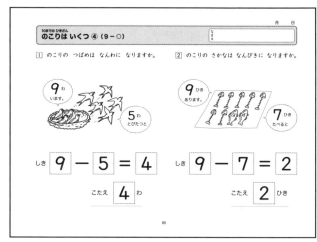

【指導のポイント】

絵に×などの印をつけたり，ブロックに置き換えるなどの操作をさせて答えを求めます。2は，魚を7匹食べたあとの絵が描かれています。魚の絵を魚の骨の上にはじめは貼っておくなどして「はじめの数」が9匹であることを見せておくとわかりやすいでしょう。

P.86

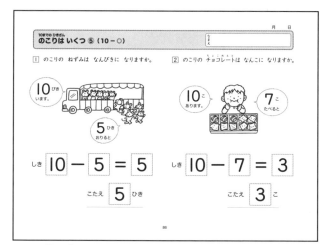

【指導のポイント】

絵を手がかりに，「はじめの数」「ひく数」を式に表し，残りの数を求めます。絵に×などの印をつけたり，ブロックに置き換えるなどの操作をさせてもよいでしょう。2は，チョコレートを7個食べたあとの絵が描かれているため，「はじめの数」が10個であることを確かめておきましょう。

P.87

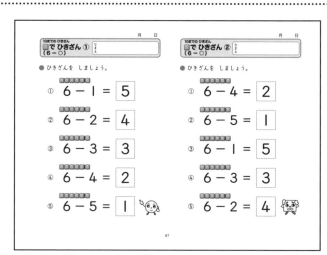

【指導のポイント】

ブロックの絵を手がかりに6－○のひき算の答えを求めます。「ひく数」の分だけブロックに×などの印をつけて「残りの数」を求めます。〔1〕→〔2〕の方法で答えを求めるのが効果的です。

〔1〕実際に6個のブロックを使って操作する。

〔2〕ブロックの絵に×などの印をつける。

児童に実施させる前に，必ず先生が問題を解いてください。本書の解答や指導のポイントは，あくまで1つの例です。先生の作られた解答をもとに，本書の解答例を参考に児童の多様な考えに寄り添って○つけをお願いします。

P.88

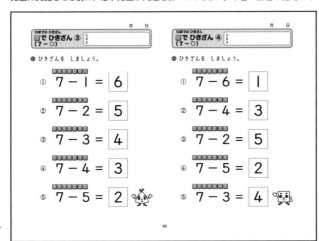

【指導のポイント】
ブロックの絵を手がかりに7－○のひき算の答えを求めます。「ひく数」の分だけブロックに×などの印をつけて「残りの数」を求めます。〔1〕→〔2〕の方法で答えを求めるのが効果的です。
〔1〕実際に7個のブロックを使って操作する。
〔2〕ブロックの絵に×などの印をつける。

P.89

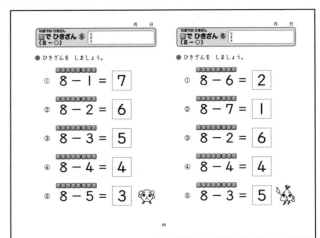

【指導のポイント】
ブロックの絵を手がかりに8－○のひき算の答えを求めます。「ひく数」の分だけブロックに×などの印をつけて「残りの数」を求めます。〔1〕→〔2〕の方法で答えを求めるのが効果的です。
〔1〕実際に8個のブロックを使って操作する。
〔2〕ブロックの絵に×などの印をつける。

P.90

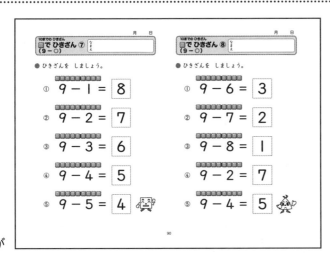

【指導のポイント】
ブロックの絵を手がかりに9－○のひき算の答えを求めます。「ひく数」の分だけブロックに×などの印をつけて「残りの数」を求めます。〔1〕→〔2〕の方法で答えを求めるのが効果的です。
〔1〕実際に9個のブロックを使って操作する。
〔2〕ブロックの絵に×などの印をつける。

P.91

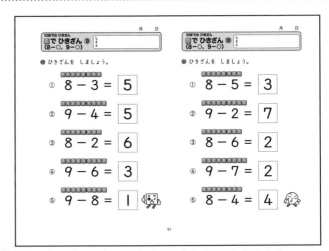

【指導のポイント】
8－○，9－○の計算練習です。ブロックの絵を手がかりに答えを求めます。

児童に実施させる前に，必ず先生が問題を解いてください。本書の解答や指導のポイントは，あくまで1つの例です。先生の作られた解答をもとに，本書の解答例を参考に児童の多様な考えに寄り添って○つけをお願いします。

P.92

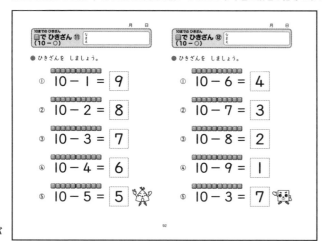

【指導のポイント】

ブロックの絵を手がかりに 10 −○のひき算の答えを求めます。「ひく数」の分だけブロックに × などの印をつけて「残りの数」を求めます。〔1〕→〔2〕の方法で答えを求めるのが効果的です。
〔1〕実際に 10 個のブロックを使って操作する。
〔2〕ブロックの絵に × などの印をつける。

P.93

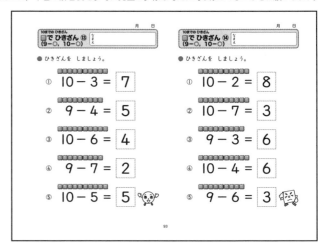

【指導のポイント】

9 −○，10 −○の計算練習です。ブロックの絵を手がかりに答えを求めます。

P.94

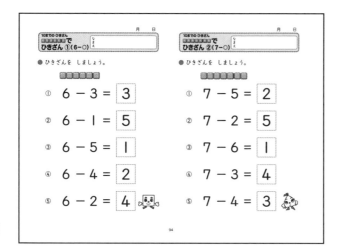

【指導のポイント】

ブロックつきの計算練習です。ブロックに印をつけるなどの操作を徐々になくし，頭の中で操作ができることを目指した教材です。はじめはブロックの絵を見ながら頭の中で操作を行い，徐々に絵を見ずに頭の中でブロックを思い浮かべて計算できるようになると完璧です。

P.95

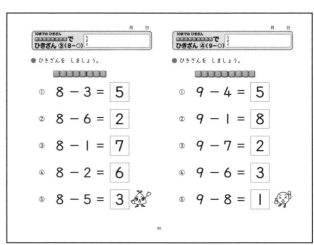

【指導のポイント】

ブロックつきの計算練習です。ブロックに印をつけるなどの操作を徐々になくし，頭の中で操作ができることを目指した教材です。はじめはブロックの絵を見ながら頭の中で操作を行い，徐々に絵を見ずに頭の中でブロックを思い浮かべて計算できるようになると完璧です。

児童に実施させる前に，必ず先生が問題を解いてください。本書の解答や指導のポイントは，あくまで1つの例です。先生の作られた解答をもとに，本書の解答例を参考に児童の多様な考えに寄り添って○つけをお願いします。

P.96

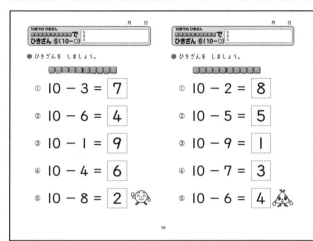

【指導のポイント】
ブロックつきの計算練習です。ブロックに印をつけるなどの操作を徐々になくし，頭の中で操作ができることを目指した教材です。はじめはブロックの絵を見ながら頭の中で操作を行い，徐々に絵を見ずに頭の中でブロックを思い浮かべて計算できるようになると完璧です。

P.97

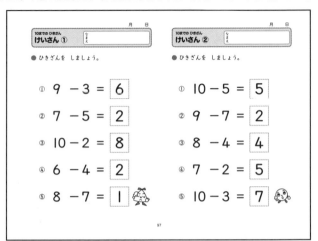

【指導のポイント】
ひき算5問，5問の計算練習です。（6－○，7－○，8－○，9－○，10－○の混合）
苦手なひき算の型がわかれば，以前に学習したワークシートに戻ってその型を練習させましょう。

P.98

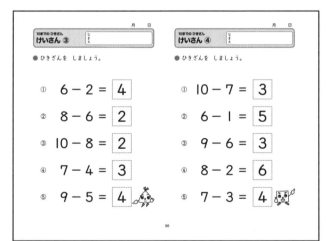

【指導のポイント】
ひき算5問，5問の計算練習です。（6－○，7－○，8－○，9－○，10－○の混合）
苦手なひき算の型がわかれば，以前に学習したワークシートに戻ってその型を練習させましょう。

P.99

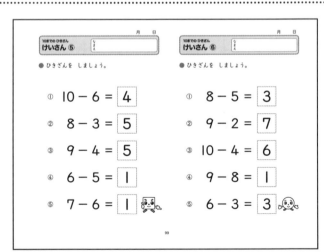

【指導のポイント】
ひき算5問，5問。の計算練習です。（6－○，7－○，8－○，9－○，10－○の混合）
答えの確かめに指を使うことを否定しませんが，2桁以上の計算ではイメージしにくいので，ブロックなどを使って確かめるとよいでしょう。

児童に実施させる前に，必ず先生が問題を解いてください。本書の解答や指導のポイントは，あくまで1つの例です。先生の作られた解答をもとに，本書の解答例を参考に児童の多様な考えに寄り添って○つけをお願いします。

P.100

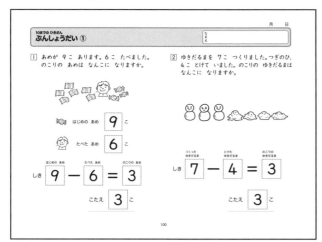

【指導のポイント】

立式に必要となる「はじめの数」と「ひく数」を文章から拾い出し立式に導きます。あめやゆきだるまをブロックに置き換えて9－6や7－4を操作させてもよいでしょう。

P.101

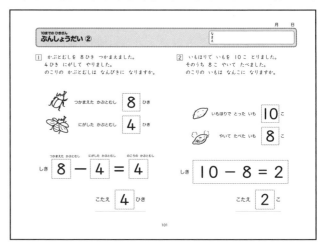

【指導のポイント】

「のこりはいくつ」の文章題です。文章中の2つの数に下線を引かせ，□に2つの数を書いたあと正しく立式します。答えの確かめにブロック操作をさせるとよいでしょう。

P.102

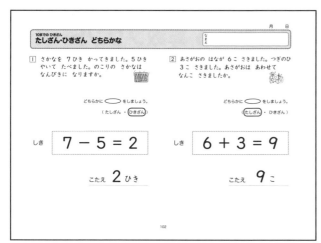

【指導のポイント】

「たし算ひき算」どちらかを判別して答える文章題です。文章中のキーワードとなる言葉（「のこり」「あわせて」）や数に下線を引いたり□で囲ませたりしてから正しく立式させましょう。

P.103

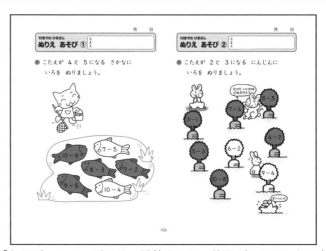

【指導のポイント】

計算を楽しく進める「あそび」のページです。計算をして，答えが4と5になる魚，2と3になるにんじんに色をぬっていきましょう。

【企画・編著者】

原田　善造（はらだ　ぜんぞう）　　学校図書教科書編集協力者
　　　　　　　　　　　　　　　　　わかる喜び学ぶ楽しさを創造する教育研究所・著作研究責任者
　　　　　　　　　　　　　　　　　元大阪府公立小学校教諭
　　　　　　　　　　　　　　　　　（元高槻市立芥川小学校特別支援学級教諭）

【本書の発行のためにご協力頂いた先生】

新川　雄也（しんかわ　ゆうや）　　大東文化大学非常勤講師　　　元愛媛県公立小学校教諭
　　　　　　　　　　　　　　　　　数学教育協議会会員

ゆっくり ていねいに 学べる
どの子もわかる 算数プリント　1－①

2017年 4 月 2 日　　第 1 刷発行
2022年12月 1 日　　第 6 刷発行

イラスト　：　後藤　あゆみ
装　　丁　：　スタジオ・エスパス
企画・編著：　原田　善造・あおい　えむ・今井　はじめ・さくら　りこ
　　　　　　　ほしの　ひかり・堀越　じゅん
発 行 者　：　岸本　なおこ
発 行 所　：　喜楽研（わかる喜び学ぶ楽しさを創造する教育研究所）
　　　　　　　〒604-0827　京都府京都市中京区高倉通二条下ル瓦町 543-1
　　　　　　　TEL　075-213-7701　　FAX　075-213-7706
　　　　　　　HP　https://www.kirakuken.co.jp
印　　刷　：　株式会社イチダ写真製版

ISBN 978-4-86277-216-9　　　　　　　　　　　　　　　　Printed in Japan